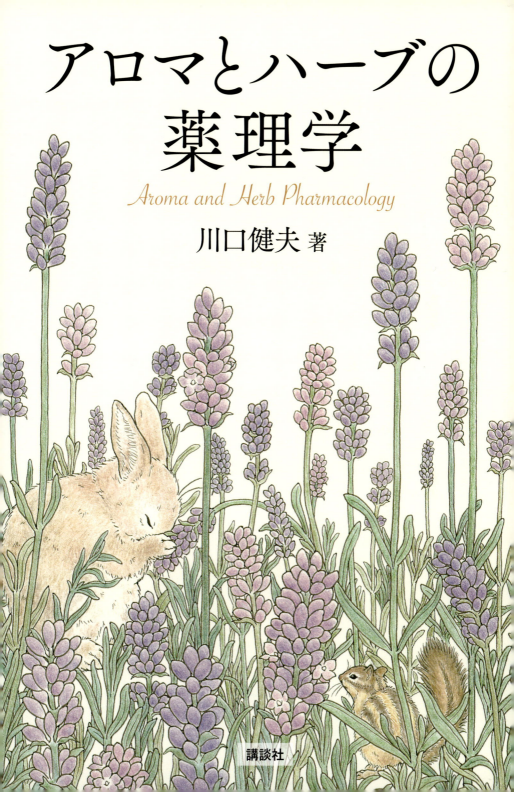

ブックデザイン／原　由香里（DNPメディア・アート）
装丁イラスト／garden
本文イラスト／貴納大輔
図版／甲斐順子

Aroma and Herb Pharmacology

セントジョーンズワート

ジギタリス

カユプテ

ローレル

ヒソップ

Aroma and Herb Pharmacology

マンダリン

ブッコノキ

フェンネル

ケシ

Aroma and Herb Pharmacology

ラベンダー

ヤロウ

アジサイ

ウインターグリーン

Aroma and Herb Pharmacology

パッションフラワー

タイム

ノウゼンカズラ

バーベリー

ヴァレリアン

Aroma and Herb Pharmacology

ニチニチソウ

カモミール・ジャーマン

ローズマリー

Aroma and Herb Pharmacology

キョウチクトウ

センナ

ペパーミント

クリスマスローズ

エキナセア

はじめに

　近年，アロマテラピーやハーブ療法への注目が高まり，日常的に利用する機会が増加していますが，アロマテラピーで使用する精油（エッセンシャルオイル）やハーブ類の大半は，医薬品ではなく，食品あるいは雑貨として扱われています．一方，精油やハーブには，明らかに生理活性（薬効）を示す成分が含有されています．植物成分のなかには，強い作用を示し，医薬品として用いられているものや，毒物の指定を受けているものもあり，そのとり扱いには十分な知識と経験が求められます．本書は，アロマテラピーやハーブ療法に携わるセラピストの方々や，これらのセラピー（療法）を日常的に使用されている方々，あるいは，これから試してみたいが，その効果と安全性にやや懐疑的な方々を対象に執筆しました．

　本書の題名にある「薬理学」は，本来，医薬品の作用，作用機序，治療法，毒性などを扱う基礎的学問領域です．薬理学（あるいは薬効学）は，医学部や薬学部の必修講義科目としては中心的存在で，医療従事者をめざす当該学生は，卒業（医師，薬剤師の国家資格試験の受験資格取得）のために，この領域に関して膨大な知識と情報の獲得が要求されます．一方，アロマテラピストやハーブ療法家の方々は，長年にわたってクライアント（患者）と真摯に向き合い，その結果，蓄積された多くの経験と知識を背景に，日々活躍されています．アロマテラピストやハーブ療法家の方々の経験と知識を現代医療における最新知見と融合させ，より高次元のトリートメント（治療）に反映させられれば，統合医療や代替医療の分野はより広く，深い客観的かつ社会的認知を得られるものと思います．

　某有名放射線科専門医師によるがん治療に対する種々の提言（人気著書多数参照）のすべてを肯定はできませんが，現代医療あるいは最新医療と呼ばれる領域に種々の問題が存在することは否めません．このような状況下において，アロマテラピーやハーブ療法など，現代医学が出現する以前から活用され，人々に恩恵を与えてきた療法を担う療法家が，現代医学の基礎である薬理学の基礎知識を獲得することは，両者の距離を接近させ，相互理解を深めるうえで重要と思われます．

　本書は，アロマとハーブの解説を発端にして，薬理学をやさしく概説する

第1章〜第4章と，身近な疾患別にアロマとハーブの使用を各論として記述した第5章で構成されています．

　第1章では，薬理学の定義と，アロマやハーブを扱ううえでの薬理学の必要性，薬理学で用いられる，やや特殊な用語の説明，生理作用（効果）が発現するメカニズム，各種の個別作用，免疫のしくみとアレルギーの順番で解説します．第2章の「薬理学における測定方法」では，毒性の測定方法とその評価方法，細菌に対する作用の評価方法，ウイルスに対する作用の評価方法，ヒトにおける作用を調べる臨床試験の手順，客観的評価のための臨床試験方法について述べています．第3章の「薬の吸収，分布，代謝，排泄」は，体内に入った物質について，その入り口から出口までの過程を，種々の影響要因を含めて解析する作業を解説したもので，一般には，それぞれの英語の頭文字をとって「ADME（アドメ）」と呼ばれる領域です．薬理学では，経口投与を中心に，静脈注射や筋肉注射時を想定して説明されますが，本書では，アロマテラピーなど，精油やハーブ抽出液を皮膚に適用する場合を想定した，「皮膚からの吸収」についても，やや詳しく述べました．第4章では，毒性があり，とり扱いに注意を必要とする精油とハーブについて解説しました．身近な植物に毒性があり，また，その毒性のある植物が薬用植物になる場合もあることが理解できると思います．

　第5章は，疾患ごとに原因や病態と，アロマやハーブでの対処方法を示しています．医薬品としての処方が多い薬品については，名称を示していますので，アロマやハーブ療法を行う場合，その背景に薬物療法が存在しているかどうかを知ることが可能になります．

　本書は第1章〜第5章どこから読まれても結構ですし，必要なときに必要な部分だけ利用することも可能です．部分的には，やや専門的で難解な個所もあるかもしれませんが，特にこだわることなく，理解できる部分だけつなぎ合わせることでも，実用上は問題ないと思います．本書が，アロマやハーブと真摯に向き合っている方々にとって，その活動の一助となれば幸いです．

2016年2月

川口健夫

『アロマとハーブの薬理学』 目次

はじめに ……………………………………………………………………… ix

序　章　アロマ・ハーブと薬理学 …………………………………………… 1

第1章　アロマとハーブの薬理学 …………………………………………… 4
  1.1　薬理学とは何か？：用語の説明 …………………………………… 4
  1.2　薬理学の発現メカニズム（薬はどうして効くの?） ……………… 9
  1.3　個別作用 ……………………………………………………………… 13

第2章　薬理学における測定方法 …………………………………………… 26
  2.1　毒性試験 ……………………………………………………………… 26
  2.2　特殊毒性試験 ………………………………………………………… 28
  2.3　抗菌性試験 …………………………………………………………… 29
  2.4　抗ウイルス性試験 …………………………………………………… 31
  2.5　臨床試験 ……………………………………………………………… 32
  2.6　科学的・客観的効果判定の方法 …………………………………… 33

第3章　薬の吸収，分布，代謝，排泄 ……………………………………… 36
  3.1　吸収 …………………………………………………………………… 36
  3.2　体内分布 ……………………………………………………………… 41
  3.3　代謝 …………………………………………………………………… 42
  3.4　脂質の代謝 …………………………………………………………… 44
  3.5　排泄 …………………………………………………………………… 48

第4章 毒性作用のあるアロマ成分とハーブ類 ……… 50
4.1 精油（エッセンシャルオイル）成分の毒性作用 ……… 50
4.2 毒性作用の強いハーブ類 ……… 53

第5章 アロマとハーブの作用 各論 ……… 62
5.1 花粉症 ……… 62
5.2 うつ病 ……… 70
5.3 風邪，インフルエンザ ……… 76
5.4 不眠症 ……… 84
5.5 更年期障害 ……… 90
5.6 気管支喘息 ……… 94
5.7 糖尿病 ……… 99
5.8 リウマチ ……… 106
5.9 高血圧 ……… 114
5.10 細菌感染症，真菌感染症 ……… 121
5.11 ウイルス感染症 ……… 125
5.12 むくみ（浮腫） ……… 130
5.13 疼痛 ……… 135
5.14 便秘 ……… 140
5.15 泌尿器系障害 ……… 146
5.16 肝臓障害 ……… 151
5.17 口腔疾患 ……… 155
5.18 相互作用 ……… 161

写真出典一覧 ……… 167

索引 ……… 168

序章
アロマ・ハーブと薬理学

　アロマ（aroma），ハーブ（herb）ともに英語由来の単語で「芳香」「香草」「薬草」などを意味しますが，本書では広く「薬効」を示す植物として扱います。
　薬理学では，本来，医薬品が生体に与える影響を扱い，治療学の基礎を構成しますが，生理活性（薬効）を示すアロマやハーブについても，その安全で合理的な使用のためには，作用，作用機序，治療，処方，毒性など薬理学の領域に属する知見が求められます。
　アロマでは，主に植物由来の芳香成分による嗅覚刺激による効果を期待しますが，皮膚に塗布したり，ときには経口摂取も行います。アロマテラピー（aromatherapy（後述））では，植物材料を水蒸気蒸留して得られる精油（essential oil，エッセンシャルオイル）を用いて嗅覚神経を刺激し，大脳辺縁系を介して情動，記憶，自律神経系などに効果を示します。ハーブ類の多くも自律神経系に作用しますが，大脳の旧皮質である辺縁系に作用するものは少なく，直接作用や局所作用（第1章参照）によるものが大半を占めています。ハーブの範疇に入るものはさまざまで，ユナニ医薬，アーユルヴェーダ医薬，中医薬，漢方薬，生薬などが含まれます。同じ植物でも，用法の違いにより異なる効果を示す場合もあります。例えば，日本の漢方薬は，中国の中医薬を日本風にアレンジした薬剤で，両者間では用法や効果が異なる場合が多くみられます。アーユルヴェーダにおいても，地域差，特にインドとスリランカでは用法が異なっています。
　一方，特定の植物については，由来も発祥も異なる医薬理論において，その効果・効能に共通するものも多数存

在します．歴史的には，世界三大伝統医学のなかでアーユルヴェーダ（紀元前15世紀頃）が最も古く，現代西洋医学のもととなったユナニ医学の起源はヒポクラテス（紀元前460年頃〜紀元前370年頃）の時代にまで遡ります．日本の漢方医学は5〜6世紀頃に朝鮮半島経由で伝来した中国医学がもととされ，16世紀以降に独自の発展を遂げたとされています．アロマテラピーは1930年頃にフランスの調香師で香料研究者のRené-Maurice Gattefosséが，アロマ（芳香）とテラピー（療法）を組み合わせてつくった造語ですが，植物由来の精油（エッセンシャルオイル）を治療目的で使用した歴史は紀元前に遡ります．このように，時代も場所も異なった起源をもつ伝統医学ですが，いずれも特定の植物成分を用いているのは偶然ではありません．

　植物は自らの防衛（病気，食害，情報発信など）や繁殖（受粉，種子の拡散など）のために種々の化学物質を合成しています．これらの化学物質の構造は，しばしば非常に複雑で，現代の科学技術（有機合成化学など）を用いても容易に合成できるものではありません．身近な薄荷（ミント）の成分は，l-メントールという，炭素原子10個で構成される比較的簡単な構造の化合物ですが，日本の野依良治博士（2001年ノーベル化学賞受賞）と高砂香料工業株式会社の研究チームが工業的全合成法を開発するまでは大量の薄荷を畑で栽培し，その葉からl-メントールを抽出していました．インフルエンザ治療薬として登場したタミフル®も，当初は，その骨格となるシキミ酸の供給は，中華料理に欠かせない八角茴香（大茴香）に頼っていました．植物成分の構造が複雑で，人工的に合成するのが難しいのは立体構造があるからです．立体構造とは，私たちの右手と左手の関係に類似しています．現代の有機合成技術を用いても，右手だけ，あるいは左手だけを合成することは簡単ではありません．しかも，右手の構造であるべき部分が左手，あるいはその逆になると，におい特性や薬効が大きく変化し，しばしばまったく異なった香りや薬効の消失が起こります．天然物由来の抗がん剤など

のなかには，この右手・左手の関係が10か所以上も存在するような複雑な化合物もあります。植物は，このような複雑な成分を効率よく大量に合成しており，その能力には現代科学技術も遠く及びません。

　アロマもハーブも経験的に植物の驚くべき能力に注目し，その効果，効能を利用している点では共通しています。

　アロマやハーブに由来する医薬品も，身近に数多く存在します。解熱鎮痛薬のアスピリン（アセチルサリチル酸）は，人類初の合成医薬品で「永遠の新薬」とまでいわれていますが，その基本構造は，ヤナギ（柳）の抽出成分に由来します。マラリアの特効薬だったキニーネは南米原産のキナの木から得られ，17世紀には広く使用されるようになりましたが，化学的な全合成に成功したのは20世紀も半ば以降のことです。しかも最後まで商業規模で合成品を供給することはできませんでした。昔，白血病は「不治の病」といわれ，白血病を発病した子どもの5人に4人は白血病が原因で死亡していました。この白血病治療の進展にも身近な植物が貢献しています。それは園芸品種がホームセンターなどで広く販売されているニチニチソウです。そのニチニチソウの仲間から画期的な成分ビンカアルカロイドが発見され，白血病治療に用いられるようになり，現在では白血病の完治が期待できる状況になっています。しかしその一方で，ビンカアルカロイド自体は実験室で研究対象としての合成には成功しているものの，医薬品としての供給は植物の力を得なければ成り立ちません。

　科学の世界における化学合成分野の発展は19世紀後半以降急速に進み，重化学工業をはじめとして人類の幸福に大きく貢献してきました。一方で，精密で複雑な化合物の合成に関しては，いまだに植物の足元にも及びません。本書に登場する芳香植物やハーブ類のなかにも，有効成分の科学的な解明が進みつつある種が多く，将来，画期的な新薬が登場するかもしれません。

第1章 アロマとハーブの薬理学

　まず本章では，アロマとハーブに関連する薬理学の基礎について概説します。薬学部の学生は，必修科目として，最低でも30コマ（1コマ90分）の『薬理学』を履修して単位認定試験に合格しなければなりませんが，ここでは半日，もしくはせいぜい一日の読書で，薬理学の全体像が理解できるような内容になっています。本章を読まれる際，常に意識していただきたいことは，薬には必ず「薬効」と「毒性」があり，どの作用を目的とするかによって「薬効」が「毒性」になり，「毒性」が「薬効」になるということです。すなわち，「薬効＝毒性」であり，「薬」と「毒」は表裏一体ということを肝に銘じておいてください。

　アロマやハーブは「医薬品」と比較すると副作用（毒性）の低い成分を扱いますが，危険性がゼロではありません。アロマもハーブも，心身のバランスを調整することで，健康を維持・回復させる手段と認識して，そのメカニズムを薬理学的に理解していただくのがここでの目的になります。

1.1 薬理学とは何か？：用語の説明

　薬理学とは，身体に対して生理学的な作用を示す物質（薬，アロマ，ハーブ，食品，毒物など）について，身体に及ぼす影響（作用），その作用がどのようにして発現するのか（作用機序），種々の疾患や症状に用いる方法（処方），副作用（毒性）などを明らかにし，有益で合理的な利用方法を広く認知させる目的をもった領域です。ここでは，薬理学で使用される用語の意味を解説し，薬理学の定義を観念的に学ぶことを目的にします。

Q1 「薬」とは何ですか？

≫ 解答例 病気を治すために体の外から体内に投与される外来性の物質です。

解説：もともと身体のなかに存在し，生理的な活動を制御している内因性の物質（インスリン，プロスタグランジン，アドレナリン，アセチルコリンなど）も広く「薬」として使用されています。定義として，「医薬品」とは国が薬効を認め，承認したもので，医師の処方によって投与される場合には一般に健康保険が適用になります。さらに「医薬部外品」「化粧品」などの分類が存在します。アロマ，ハーブの大半は，この範疇には入りませんが，伝統的に「薬」として使用されてきました。一方，「医薬品」としての規制を受けないだけに，その使用には十分な知識と経験が必要になります。

Q2 「薬」と「毒」の違いは何ですか？

≫ 解答例 病気を治し，健康を維持するのが「薬」で，身体を障害し，健康を損ねるものが「毒」です。

解説：身体に対して有益な作用を目的として使用されるのが「薬」で，有益作用に反する，拮抗する作用を示すものが「毒」です。したがって，ほぼすべての生理活性物質は「薬」であると同時に「毒」でもあります。「薬理作用＝毒性作用」と理解してほぼ間違いありません。アロマやハーブも用法や用量を間違えれば確実に「毒」になります。

注意

アロマやハーブの大半は「医薬品」ではありません。よって，商品に薬効や効能を表示して販売することはできません。一方，製造者・販売者とは異なる第三者が「がんが治った」「関節痛が消えた」「肌がツルツルになった」などの個人的感想を述べることは自由ですが，薬理学などの知識に照らし合わせて合理性のある表現かどうかは精査する必要があります。

1. 局所作用と全身作用

蚊に刺されてキンカン®を塗ると、即座に清涼感と痒みの軽減が感じられます。アロマやハーブを使用した場合も、その作用の発現までには適用部位（皮膚、吸入、経口など）に依存して一定の時間がかかり、その作用部位もさまざまです。

薬を投与した場所と薬効が発現する場所の関係から、薬の効果は「局所作用」と「全身作用」に区別されます。「局所作用」は、薬を適用した部位に限定して起こる作用です。例としては、局所麻酔剤、軟膏剤、クリームなどの外用剤、点眼剤、トローチ剤、吸入剤などがあります。アロマやハーブでは、皮膚に対する塗布が局所作用を期待して行われます。一方、「全身作用」とは、適用部位（投与部位：貼付剤、静脈注射剤、筋肉注射剤、経口剤、坐剤、舌下剤など）から離れた場所（例えば、心臓、神経系、血管系、内分泌系など）で作用が発現する場合をいいます。ハーブの多くは全身作用を期待して浸出液の経口投与が行われ、アロマの精油（エッセンシャルオイル）は皮膚、鼻粘膜、肺を介して全身に作用します。全身作用では、適用部位に投与された薬剤のうち、どれだけが全身に到達して利用されたかが重要で、その指標としてバイオアベイラビリティー（39ページ参照）があります。

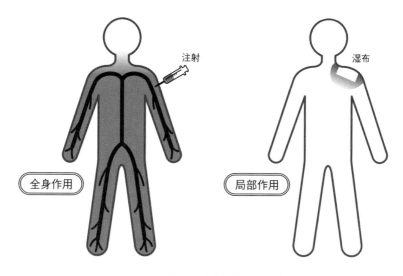

図1.1　全身作用と局所作用

皮膚や鼻への特殊な投与

皮膚や鼻腔は，通常，局所作用を期待する適用部位ですが，皮膚に貼付したり，鼻腔に点鼻することで全身作用を示す薬剤もあります。タバコの葉に含まれるニコチンは強力な生理活性物質で，それゆえ，常習的な喫煙者はニコチン依存性の中毒症状に陥ります。現在，禁煙治療には健康保険が適用され，常習的喫煙は治療すべき「病気」と認定されています。強力な薬物であるニコチンへの依存症からの脱却（禁煙）には，精神力だけでは困難な場合が多く，そのための治療薬として皮膚に貼付するニコチン製剤が開発されています。皮膚を介して全身に到達する薬剤は微量ですが，ニコチンのように作用が強力で，微量でも作用を示す場合には全身作用が得られ，血中ニコチン濃度を維持することで喫煙要求を抑制することが可能になります。また，突然の胸痛で，ときに命にもかかわる狭心症の治療薬も，日常的に予防薬を皮膚に貼付することで対応が可能になっています。さらに特殊な例としては，尿崩症治療薬の酢酸デスモプレシンを鼻腔粘膜を介して全身に投与する治療薬も開発されています。

2. 選択作用と一般作用

アロマ，ハーブ，そして薬を人体に適用・投与した際に，通常は身体全体に効果が出ます。すなわち，鎮痛剤を服用すれば，腰痛にも歯痛にも効果が出ますし，抗生物質を投与すると全身の細菌類に作用し，病原菌だけではなく，腸内の有用細菌まで影響を受けます。このような作用を「一般作用」と呼び，大半の薬剤が該当します。一方，全身に投与されても特定の臓器や細胞にしか作用しない薬剤もあります。例えば，キツネノテブクロと呼ばれるハーブのジギタリスから得られるジゴキシンやジギトキシンと呼ばれる薬は，全身をまわっても心臓にしか作用しません。また，主に単純ヘルペスや帯状疱疹の治療に用いられるアシクロビル（ゾビラックス®など）は，ヘルペスウイルスに感染した細胞にだけ効果を示し，他の正常な細胞には作用しません。このような作用を「選択作用」と呼びます。最初にも述べましたが，薬には必ず毒性や副作用がありますので，薬が効いてほしい目的の組織，部位，細胞にだけ作用する「選択作用」は理想です。

特に「選択作用」が望まれるのは，がんに対する薬での治療です。がん細胞は自分の細胞が変化（がん化）したもので，がん細胞に作用する（毒性を示す）薬は，身体の正常な細胞にも作用して毒性（副作用）を起こします。がんの治療が苦しく，困難なのは，がん細胞だけに「選択的作用」を示す薬が少ない，あるいは「選択作用」が十分ではないことが原因です。

3. 直接作用と間接作用

　前述のジギタリスから得られるジゴキシンが心臓に作用して心臓の機能を強化するのは，薬の「直接作用」です。抗生物質が感染症の原因微生物に作用するのも抗炎症薬が炎症部位に作用するのも「直接作用」です。では，「間接作用」とはどのようなものなのでしょうか？　「間接作用」とは直接作用（心臓が元気になる，精神が安定してリラックスするなど）の結果として，直接作用に付随して起こる作用です。ジゴキシンを例にとって説明すると，ジゴキシンを飲んだことで心臓が元気になって血液の循環が多くなった結果，腎臓を流れる血液量が多くなり，尿が多く出る（利尿作用）が生じるのが「間接作用」です。精神安定剤によって身体の緊張が緩和され，筋肉の緊張が緩んだ結果，腰痛が軽減されるのも間接効果の一種になります。

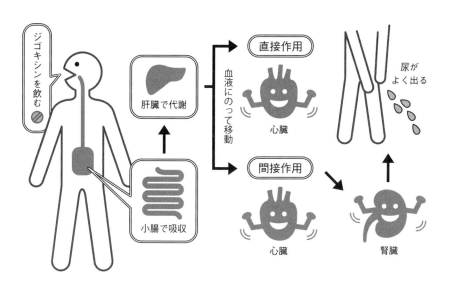

図1.2　直接作用と間接作用

4. 薬理作用と毒性作用

　同じ薬，アロマ，ハーブが「薬理作用」と「毒性作用」を同時に示すことがあります。「薬理作用」とは，薬が目的とする作用で，それに付随して生じる治療上不必要あるいは有害な作用を「毒性作用（副作用）」と呼びます。一例として，抗ヒスタミン剤のジフェンヒドラミンについて説明します。家庭にある風邪薬（総合感冒薬）の成分表示を見てみてください。鼻水や鼻づまりを緩和する成分としてジフェンヒドラミンやマレイン酸クロルフェニラミンの名前がみられるはずです。これらの薬は，体内にあるヒスタミンという物質の作用に拮抗して鼻汁や涙の分泌を抑制することから風邪の症状緩和に用いられます。一方，風邪薬の注意書きには，必ず眠気を催すことがあるので自動車や機械の運転は行わないようにと記されています。これはヒスタミンの作用を抑制する薬には必ず伴う副作用が原因です。したがって，これらの薬を風邪薬として使用する場合の「薬理作用」は鼻汁や涙液の分泌抑制で，「毒性作用（副作用）」は眠気になります。

　ところで，このジフェンヒドラミンですが，風邪薬としてではなく，その眠気作用を薬理作用に応用して鎮静剤，睡眠剤としても用いられます。この場合，風邪薬では毒性作用（副作用）だった眠気が睡眠作用として「薬理作用」になります。一方，鼻汁や涙液の分泌抑制作用は唾液や消化液の分泌も同様に抑制されることから口渇や食欲不振等の「毒性作用（副作用）」になります。

1.2 薬理作用の発現メカニズム（薬はどうして効くの？）

　薬はどのようにして作用を発現するのでしょうか？　当然，個々の薬によって作用の発現メカニズムは異なりますが，大半の薬については，身体の一部に結合することで作用が発現する（受容体理論）と考えることで説明することができます。ここでいう身体の一部とは，細胞の表面，細胞のなか，酵素と呼ばれる複雑な構造のタンパク質などさまざまですが，複雑な構造の鍵穴に薬という鍵がカチッと結合する（図1.3）ことで，さまざまな作用が発現すると考えます。

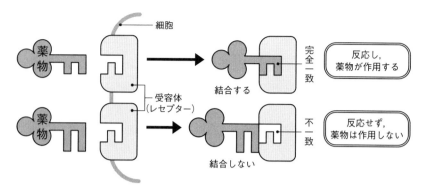

図1.3 薬の鍵と身体の鍵穴(受容体,レセプター)の関係

ところで，図の鍵には正の鍵と負の鍵があります。正の鍵は，鍵穴に結合すると，刺激作用（図1.4下）を示します。一方，負の鍵（拮抗物質）は抑制作用を示します。正の鍵と負の鍵は，形（化学構造）が似ている場合が多く，小さな違いでまったく逆の作用を示すのが不思議です。ホルモンのなかにもわずかな違いで異なった作用を示すものがあり，薬としてもたくさん使用されています。このような作用は，後述する「拮抗作用」（椅子とりゲームの理論）も深くかかわっています。

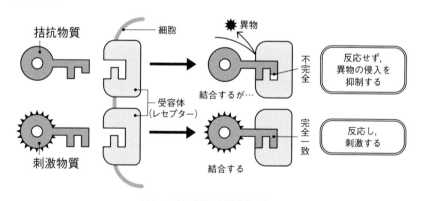

図1.4 拮抗物質,刺激物質の作用

似かよった形（化学構造）の鍵＝薬でも，わずかな違いで刺激作用と抑制作用を示します。拮抗物質（抑制作用）の例としては，ヒスタミン受容体（鍵穴）に対する抗ヒスタミン薬（前述の風邪薬に加え，胃液分泌抑制による抗消化管潰瘍作用など）があり，刺激物質としては，アドレナリンのβ受容体に対する刺激剤（β刺激剤，気管支拡張作用による喘息治療）などの例があります。

1. 相互作用：協力作用と拮抗作用

　2種類以上の薬を同時に与えると「相互作用」が生じる場合があります。「相互作用」には「協力作用」と「拮抗作用」があります。「協力作用」は2種類以上の薬が互いの作用を増強する作用で，増強の仕方によって「相加作用」と「相乗作用」があります。「相加作用」は2種類以上の薬の作用が，単純なたし算の結果，すなわち1＋1＝2の関係になる協力作用で，クロロホルム＋エーテルの麻酔作用などがこれにあたります。「相乗作用」は2種類以上の薬の作用が，単純なたし算の結果よりも大きくなる，すなわち1＋1＞2の関係になる協力作用で，コカイン＋アドレナリンの昇圧作用などが該当します。「拮抗作用」は2種類以上の薬が互いの作用を打ち消し合う作用で，化学的拮抗作用，生理学的拮抗作用，薬理学的拮抗作用などがあります。薬の作用を理解するうえで，この薬理学的拮抗作用のメカニズムの理解が重要になります。

2. 拮抗作用：化学的拮抗作用

　2種類以上の薬物が互いに化学反応を起こすことで生じる作用です。身近な例としては，胃がもたれる（胃酸過多）ときに服用する胃薬に酸を中和するアルカリ性の炭酸水素ナトリウム（重曹）が配合されていることがあげられます。化学的拮抗作用は，本当の毒物の解毒に用いられる場合もあります。ヒ素の化合物は猛毒ですが，ヒ素と化学的に結合してその毒性を消去する解毒剤にジメルカプロールがあります。

 ヒ素中毒は解毒できる

　1998年7月，和歌山県の夏祭りで提供されたカレーにヒ素化合物が混入し，カレーを食べた多くの住民が中毒となり多数の死者が出たことがありました。事件の真相はいまだ不明ですが，患者を診察した保健所の医師が「食中毒」と誤診し，ヒ素中毒に対する解毒措置がとられなかったことが被害を大きくしてしまいました。

3. 拮抗作用：生理学的拮抗作用

　2種類以上の薬に関して，その作用点（薬が結合する酵素や受容体など）が異なり，かつその作用が相反する場合に生じます。血圧を下げる薬と上げる薬の併用，鎮静薬と興奮薬の併用などは，それぞれの薬理作用が相殺されます。また，やや複雑な場合の例としては，ある薬の代謝（無力化する過程）を亢進させる薬との併用で薬理作用が減弱することがあります。身近な例としては，血を固まりにくくする薬（抗血栓薬）ワルファリンの作用が納豆に含まれる成分によって抑制されることが知られています。

　アロマテラピーの世界でも，カモミールの鎮静作用とグレープフルーツの強壮作用は生理学的に拮抗するのかもしれません。

4. 拮抗作用：薬理学的拮抗作用

　特定の受容体（鍵穴）に対して，複数の形の似かよった鍵（薬，ホルモン，生理活性物質など）が共存すると，鍵穴のとり合いが起こります。椅子とりゲームに似て，拮抗物質（阻害剤）が先に鍵穴を占領してしまうと，後から活性物質がきても鍵穴に入れずに作用が阻害されます。ヒスタミン（活性物質）と抗ヒスタミン薬（拮抗物質）の関係がこれに該当しますし，薬の多くが酵素や受容体に結合して阻害作用（＝薬の効果）を発揮します。

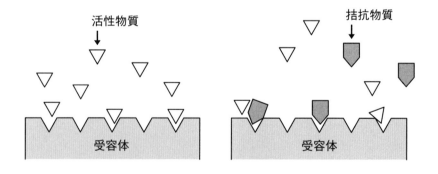

図1.5　薬理学的拮抗作用

本来，ホルモンなどの活性物質が入るべき鍵穴に拮抗物質が結合してしまうと，活性物質は鍵穴に入ることができない，または鍵穴から追い出されてしまいます。

1.3 個別作用

1. エストロゲン様作用

　精油やハーブ（サプリメント）の多くに「エストロゲン様作用」があるとされています。「エストロゲン様作用」とは何でしょうか？　エストロゲンとは，卵巣，副腎，脂肪組織などが分泌する女性ホルモンで，思春期後の女性機能発達や毎月の子宮壁形成を促進するはたらきがあり，その濃度は月経周期に従って変動します。エストロゲンには血管保護作用があり，男女の寿命差はこのエストロゲンによるものともいわれています。体内で分泌されるエストロゲンの量は，更年期以降，次第に減少し，更年期障害の原因となります。更年期障害への対応は，医療的にはホルモン補充療法が行われます。ホルモン補充療法については，乳がん発生の危険性上昇等に対して種々の調査・研究が行われているものの結論は出ていません。そこで，ホルモン補充療法に懐疑的な人々を中心に，エストロゲンに類似した作用の精油やハーブの利用が行われています。大豆，ナッツ類，ルバーブ，フェンネル，セロリーなどにはエストロゲンに類似した作用を示すイソフラボンなどの化合物が含まれています。アロマテラピーで使用する精油のなかにも，アニス，クラリセージ，サイプレス，スターアニス，ニアウリ，フェンネルなどエストロゲン様作用が指摘されているものがあります。

 男子の胸痛

　男性でもテストステロン（男性ホルモン）から変換されるエストロゲンが存在し，その量はテストステロンの分泌が亢進する思春期に増加します。増加したエストロゲン（女性ホルモン）の影響で，一時的に男児の乳首が腫れて疼痛を訴えることがありますが，男の子の初潮として見守ってあげましょう。

2. 抗炎症作用

　炎症には，熱感，疼痛，発赤，腫脹，機能障害の5つの主訴があります。炎症の原因としては一次的原因と二次的原因があります。一次的原因の主なものとしては，感染症（細菌，真菌，ウイルス，寄生虫など），物理的刺激（紫外線被爆，外傷など），化学的刺激（酸，アルカリ，アレルゲン，毒素など）があげられます。二次的な原因は，一次的原因に伴って生じる内因性の炎症性化学物質によるもので，ヒスタミンやプロスタグランジンなどの放出が生じます。これらの炎症を抑制するのが「抗炎症作用」で，物理的には冷却や按摩にも抗炎症作用があります。

　薬理学的な抗炎症物質には，共通して内因性の炎症物質の生産・放出の阻害作用があります。体内の炎症性物質の原料は，細胞膜を構成しているリン脂質という物質です。細胞膜からアラキドン酸という炎症性物質の原料を切り出す酵素（ホスホリパーゼA2）を阻害することで，プロスタグランジンなどの炎症性物質

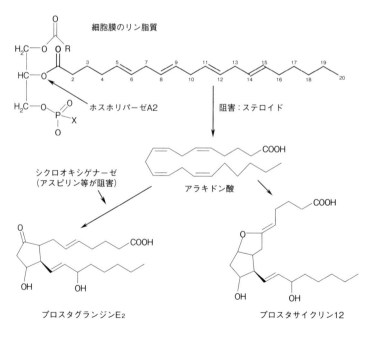

図1.6　抗炎症薬の作用

の生産を抑制する作用をもつのがステロイドです。細胞膜から切り出されたアラキドン酸自体には炎症作用はなく、アラキドン酸カスケードと呼ばれる複雑な代謝過程によってプロスタグランジンなどの炎症性物質に変換されますが、この過程を阻害するのが非ステロイド性抗炎症薬と呼ばれる、アスピリン、インドメタシン、イブプロフェンなどの身近な解熱鎮痛薬です（シクロオキシゲナーゼという酵素の阻害剤）。

　ところで、抗炎症薬には消化管障害の副作用が付き物です。これは抗炎症薬の作用点であるプロスタグランジン類の生合成阻害に原因があります。プロスタグランジン類は、炎症性物質であると同時に胃粘膜の保護作用を有しています。その保護物質の生合成を阻害するのが抗炎症薬ですので、胃や消化管に障害が生じるのです。

3. 鎮痛作用

　鎮痛とは、意識消失を引き起こさない用量で疼痛を緩和する作用ですが、そもそも「疼痛」とは何なのでしょうか？　私たちは日々多くの苦痛に直面しています。「痛い」という苦痛以外にも、種々の「疼痛」が存在します。通常「痛み」として表現されるのは「身体的疼痛」で、外的障害などによって生じる「侵害性疼痛」と、神経痛に代表される「神経障害性疼痛」があります。これらの「身体的疼痛」に対しては、前述の抗炎症薬や局所麻酔薬、合成麻薬などが奏功します。しかし、広義の疼痛（全人的痛み）には「心理的苦痛（死や疼痛に対する恐怖、効果のない治療への怒り、絶望など）」「社会的苦痛（疎外感、孤独感、社会的地位の喪失感）」「スピリチュアルな苦痛（なぜ病気になったのか？　なぜ苦しまなければならないのか？　何のために苦しむのか？）」などが存在します。これらの苦痛は、がんの末期に出現し、「身体的疼痛」は鎮痛薬で緩和できますが、「全人的痛み」には植物のケシ由来成分であるモルヒネのみが有効とされていて、末期がんの緩和療法には欠かせない薬になっています。

4. 自律神経系の作用

　私たちは、手足や指を動かすときには、自らの意思によって指令を出して行動しています。これは末梢神経のなかの体性神経系のはたらきによるものです。一方、心臓、肺、消化器などは、私たちの意思とは関係なく活動しています。これ

らのはたらきを制御しているのが自律神経系と呼ばれる末梢神経です。自律神経系は，交感神経と副交感神経と呼ばれる作用が相反する２つの神経系によって構成されていて，両者のバランスにより心身の健康が保たれています。このように，複数の機能のバランスによって身体の恒常性（ホメオスタシス）を維持するシステムとしては，他にホルモン系と免疫系があります。

　緊張時やストレス負荷のかかった興奮状態では，交感神経が興奮し，副交感神経は抑制されます。心臓の心拍数は増大し，拍出量も多くなります。血圧は上昇し，汗をかきますが，消化液の分泌は抑制され，口が渇きます。交感神経を興奮させる内因性物質（神経伝達物質）としては，アドレナリンとノルアドレナリンが知られています。興奮することを「アドレナリンが上がる」と表現するのはそのためです。交感神経を興奮させたり，抑制する薬は多数存在し，血圧制御，喘息から花粉症治療まで幅広く使用されています。

　副交感神経は交感神経とは逆に，睡眠時や休憩時などリラックス状態で興奮します。唾液の分泌が亢進し，口が潤います。胃液などの消化液の分泌も多くなり，腸の蠕動運動も促進されて食欲が出ます。排尿も副交感神経のはたらきによって促されます。副交感神経を興奮させる神経伝達物質はアセチルコリンです。リラックス状態が身体によいといっても，それは程度，バランスの問題で，副交感神経の過度な興奮は身体にとって危険です。地下鉄サリン事件で散布されたサリンはアセチルコリンの分解を強力に阻害することで副交感神経を興奮させ，強い毒性を示します。

　表1.1に各臓器に対する交感神経と副交感神経の作用を比較して示します。

　各臓器に対する交感神経と副交感神経の作用はほぼ逆になっています。大学で薬理学の単位試験に臨む学生は，この表を暗記しますが，暗記しなくても強い興奮時に自分の身体がどう反応するか（交感神経の作用）と

表1.1　各臓器に対する交感神経路と副交感神経の作用の比較

作用点	交感神経の作用	副交感神経の作用
瞳孔	拡張	収縮
心筋収縮力	増強	減弱
心拍数	増加	減少
心拍出量	増加	減少
末梢血管（皮膚）	収縮	拡張
骨格筋の血管	拡張	－
気管支	拡張	収縮
消化液分泌	抑制	亢進
消化管平滑筋	弛緩	収縮
括約筋	収縮	弛緩
膀胱排尿筋	弛緩	収縮
皮膚立毛筋	収縮	弛緩
汗腺	促進	抑制
肝臓代謝	グリコーゲン分解	－

その理由を知っていれば迷うことはありません。
　そこで「山歩きの途中でクマにバッタリ会ったら…」という場合の反応を想像してみましょう。この場合，クマから身を守るための選択肢は2つしかありません。すなわち「全力でクマと闘うか」「全力でクマから逃げるか」です（死んだフリをするのは効果がないそうです）。いずれにしても，身体能力を最大限に発揮しなければ助かりません。下記の順にイラストから想像をしてみてください。

1．瞳孔：開きます。マンガでも「ドキッ！」という場面では，大きく黒い目を描きますが，瞳孔が開いた状態を現しています。
　　理由　視覚情報収集能力を最大にして，相手に隙があれば，先制攻撃するか，その間に全力で逃げるため。
2．心臓：バクバクになります。
　　理由　血液の循環を最大にして，骨格筋に酸素を供給するため。
3．皮膚の血管：収縮します。強度の緊張時に顔が「青ざめる」のはそのためです。
　　理由　血液を骨格筋に集中させるため。さらには闘って外傷を受けた場合の出血量を少なくするため。

4．**気管支**：拡張し，息が荒くなります。
　理由 酸素摂取を最大にして，血液を介して骨格筋に送達させます。
5．**消化機能**：抑制されます。緊張時には食欲がなくなり，唾液分泌の低下により口が渇きます。
　理由 食事をしている余裕はありませんし，今から消化・吸収しても間に合いません。消化機能は一時停止し，消化管への血液供給も抑制します。
6．**排尿**：抑制されます。
　理由 トイレに行っている場合ではありません。
7．**体毛**：立毛します。体毛はなくても鳥肌が立ちます。恐怖で髪の毛は逆立ちます。猫が怒ると毛を逆立てて丸くなるのも同じです。
　理由 毛を逆立てることで身体を大きく見せ，相手を威嚇するためです。
8．**汗腺**：発汗が促進されます。興奮すると「手に汗を握る」と表現します。恐怖で冷汗をかくこともあります。
　理由 循環機能を亢進させ，大量の酸素を消費すると体温が上昇します。上昇した体温を低下させ，特に脳を高温から保護するためには発汗による体温低下が必要になります。
9．**グリコーゲン分解**：亢進します。無酸素運動下におけるエネルギー供給です。
　理由 消化・吸収によるエネルギー供給を抑制している状態では，肝臓などに貯蓄しているグリコーゲンを分解してブドウ糖を供給してエネルギーを得ます。

5．ホルモン系の作用

　ホルモンのなかでもエストロゲンについては別項で説明しました。一般にホルモンとは「刺激する」あるいは「興奮させる」の意味をもつギリシャ語のhormaeinを語源とし，体内の特定器官で合成・分泌され，血液などを介して体内を循環し，特定の細胞・器官で作用する生理活性物質と定義されます。一方，前項のノルアドレナリンのように，神経伝達物質としての局所的作用に加え，副腎髄質から分泌され全身的に作用するホルモンもあります。
　アロマテラピーにおける嗅覚神経刺激は，鼻腔粘膜上の嗅覚神経末端から大脳辺縁系に伝達され，その刺激は，さらに視床下部に到達すると考えられています。視床下部は，自律神経系の中枢であるとともに内分泌機能（ホルモン分泌）を総合的に調節している器官で，脳下垂体もその制御下にあります。したがっ

て，アロマの刺激がホルモン分泌に影響すると考えられます。視床下部から分泌されるホルモンの多くは，他のホルモン分泌器官に作用して，そのホルモン分泌を調節，あるいは他の器官を介してホルモン分泌を調節しています。代表的なものには，甲状腺刺激ホルモン放出ホルモン，副腎皮質刺激ホルモン放出ホルモンなどがあり，脳下垂体に作用して甲状腺刺激ホルモンおよび副腎皮質刺激ホルモンの分泌を促進させます。視床下部，すなわちアロマの影響を受けると考えられる脳下垂体からは，ほかにも抗利尿ホルモン（バソプレシン），成長ホルモン，卵胞刺激ホルモン，黄体形成ホルモンなど多くのホルモンが分泌されます。表1.2に主なホルモン分泌器官と分泌されるホルモンを示します。

表1.2 主なホルモンの分泌器官と分泌ホルモン

分泌器官	分泌されるホルモン	主な作用	アロマとの関連
視床下部	甲状腺刺激ホルモン放出ホルモン	甲状腺刺激ホルモンの分泌	○
	副腎皮質刺激ホルモン放出ホルモン	副腎皮質刺激ホルモンの分泌	○
脳下垂体	バソプレシン	抗利尿	○
	オキシトシン	子宮収縮	○
	成長ホルモン	骨格の成長	○
	甲状腺刺激ホルモン	甲状腺ホルモンの分泌	○
	副腎皮質刺激ホルモン	副腎皮質ホルモンの分泌	○
	卵胞刺激ホルモン	卵胞の発育	○
	黄体形成ホルモン	黄体形成	○
甲状腺	甲状腺ホルモン	代謝亢進	○
副腎	コルチゾール	抗炎症，免疫抑制	
	アドレナリン	血圧上昇，血糖上昇など	
	アルドステロン	体内水分の保持	
膵臓	インスリン	血糖値の低下	
	グルカゴン	血糖値の上昇	
卵巣	エストロゲン	卵胞ホルモン	○
	プロゲステロン	黄体ホルモン	○
精巣	テストステロン	男性ホルモン	

6. 免疫系の作用

　免疫系は，外来性のタンパク質，花粉，ウイルス，細菌，真菌（カビ），原虫，寄生虫など，自分以外の外来性の異物（多くは複雑な構造のタンパク質）に対して，それを攻撃し，排除しようとするシステムです。がん細胞も異物ですが，自分の細胞に由来するため，免疫系が働きにくい傾向があります。

　ヒトの免疫系には，骨髄由来の細胞（B細胞）が産生する抗体によるもの（液性免疫（体液性免疫とも呼ばれる））と，胸腺由来の細胞（T細胞）による細胞性免疫の二系統があり，心身の健康には両者のバランスが重要とされています。一般に，液性免疫が亢進すると，アトピー，喘息，花粉症などの症状が悪化し，細胞性免疫が優勢になるとリウマチ，膠原病などの自己免疫疾患が重症化すると考えられています。液性免疫と細胞性免疫のバランスは，自律神経系における交感神経と副交感神経の関係に似ています。

　液性免疫と細胞性免疫は，ヘルパーT細胞（CD_4陽性細胞，ナイーブTh細胞，あるいはTh0細胞とも呼ばれる）が，抗原提示細胞（マクロファージなど）が分泌するサイトカインの作用で分化して生じる2種類の免疫細胞（Th1とTh2）のはたらきによって制御されています。マクロファージが分泌するインターロイキン12（IL-12）は，ヘルパーT細胞をTh1細胞に分化させます。分化したTh1細胞は，種々のサイトカイン（IL-2，IL-3，IFN-γ，TNF-α，TNF-βなど）を分泌して食細胞を活性化し，結果として細胞性の免疫機能を賦活します。Th1細胞が分泌するインターフェロンγ（IFN-γ）には，即時型（Ⅰ型）アレルギーにかかわるIgE抗体の産生を抑制する作用があります（後述）。

　一方，マクロファージが抗原を免疫細胞に提示する際に分泌するプロスタグランジンE_2（PGE_2）は，ヘルパーT細胞をTh2細胞に分化させます。Th2細胞はIL-3，IL-4，IL-5，IL-6，IL-10，IL-13などのインターロイキン類を分泌し，体液性の免疫機能に関与します。そのなかでもインターロイキン4（IL-4）には，前述のIFN-γとは逆にIgE抗体の産生を増加させる作用があります。ヘルパーT細胞からTh2細胞への分化誘導はIL-4，IL-6や抗原提示細胞であるB細胞からの抗原刺激によっても促進されます（図1.7）。

　Th1細胞とTh2細胞は同じヘルパーT細胞から分化するため，一方の産生が促進されると他方は抑制され，両者のバランスが重要になります。一般に，Th1細胞よりTh2細胞が優位に働いている状態では，IgE抗体産生が促進され，アレルギー体質に陥りやすいと考えられています。Th1細胞（細胞性免疫）を優位に

誘導する因子としては，各種の菌体成分，ウイルス感染，細菌感染（特に結核菌など細胞内寄生性の細菌感染），植物成分によるかぶれ（接触性皮膚炎＝遅延型アレルギー）などがあります。一方，Th2細胞（液性免疫）を優位に誘導する因子としては，細胞外増殖が原因の細菌感染症（ブドウ球菌などグラム陽性球菌感染症など），抗酸化能の低下，アラキドン酸の過剰摂取などが考えられます。そのうち，抗酸化能の低下防止にはビタミンC，ビタミンE，β-カロチンなどの抗酸化物質の摂取が，アラキドン酸には脂質や肉類の摂取抑制がよいとされています。

　Th1細胞はIL-2を産生し，細胞性免疫を活性化させます。Th2細胞は，IL-4を産生し，B細胞を活性化させてⅠ型アレルギーを引き起こすIgE抗体の産生を促進させます。Th1細胞はIFN-γも産生し，このIFN-γはTh2細胞のIgE抗体産生を抑制します。一方，Th2細胞の産生するIL-4やIL-10はTh1細胞の反応を抑制します。このようにTh1細胞とTh2細胞は，相互にその活性を抑制しあいます（図1.8）。

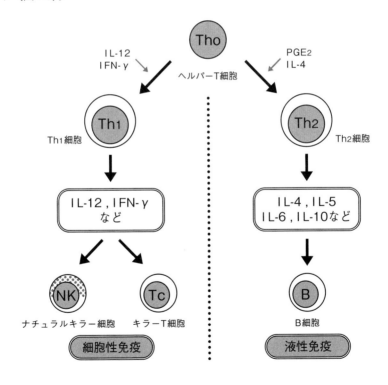

図1.7　ヘルパーT細胞（ナイーブTh細胞，あるいはTh0細胞）からTh1細胞およびTh2細胞への分化
Th2細胞は液性免疫に，Th1細胞は細胞性免疫に働きかけます。

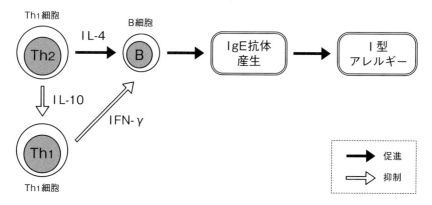

図1.8　Th1細胞とTh2細胞の相互抑制関係

7. アレルギーの種類

　アレルギーと呼ばれる疾患や症状には，さまざまな発生機序と特徴があります。ここではクームス分類に従い，Ⅰ～Ⅴ型に分類されるアレルギーについて述べます。

Ⅰ型アレルギー

　典型的な液性免疫反応で，免疫グロブリン（IgE）が肥満細胞（マスト細胞）や好塩基球という白血球の一種に結合し，そこに抗原（アレルゲン）が結合します。すると，これらの細胞の細胞膜に存在するカルシウムチャネルが開き，細胞外からカルシウムイオンが細胞内に流入します。細胞内カルシウムイオン濃度の上昇によって，細胞内の顆粒と呼ばれる組織からヒスタミンやセロトニンなどの炎症性物質が放出されます。その結果，血管拡張や血管透過性亢進などが起こり，浮腫，掻痒などのアレルギー症状が現れます。この反応は抗原が体内に入るとすぐに生じるため「即時型過敏症」「即時型アレルギー」とも呼ばれ，アレルギー性鼻炎，気管支喘息，蕁麻疹などの原因になります。また，反応が激しく，全身性のものを「アナフィラキシー」と呼び，さらに急速な血圧低下によりショック状態を呈したものを「アナフィラキシーショック」と呼びます。代表的な疾患としては，気管支喘息，アレルギー性鼻炎，花粉症，蕁麻疹，アトピー性皮膚炎，好酸球性肺炎（PIE）症候群，食物アレルギー，アナフィラキシーショックがあります。

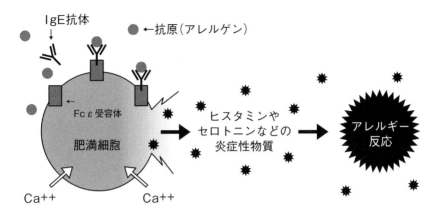

図1.9　Ⅰ型アレルギーの発症メカニズム

Ⅱ型アレルギー

　自己と認識される抗原を提示した自己細胞に免疫グロブリン（IgG）が結合し，その抗原抗体結合体を認識した白血球が自己細胞を破壊する反応です。B型およびC型のウイルス性肝炎などが代表例です。ウイルス性肝炎では，ウイルス由来の抗原が肝細胞上に提示され，これを体内から除去しようとする結果，肝細胞が破壊されるため肝炎症状を発症します。ときに致死的なペニシリンアレルギーもⅡ型アレルギーの一種と考えられています。そのほかの代表的な疾患としては，自己免疫性溶血性貧血（AIHA），グッドパスチャー症候群，重症筋無力症，橋本病，不適合輸血，特発性血小板減少性紫斑病（ITP），悪性貧血，リウマチ熱，円形脱毛症などがあります。

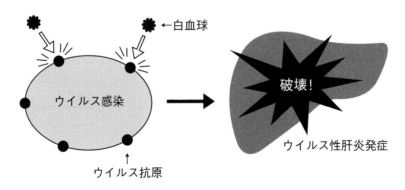

図1.10　Ⅱ型アレルギーの発症メカニズム

Ⅲ型アレルギー

　抗原（アレルゲン），抗体（IgGやIgM）が結合した免疫複合体が食細胞に処理されきれずに組織に沈着し，そこへ補体やマクロファージ，好中球が集まって炎症を起こし，組織障害を引き起こすアレルギー反応です。免疫複合体の傷害部位が局所的なものを「アルサス型反応」といい，全身にわたるものを「血清病」と呼びます。代表的な疾患は，アルサス型反応が過敏性肺臓炎，血清病が全身性エリテマトーデス（SLE）や溶血性連鎖球菌感染後糸球体腎炎になります。そのほか，関節リウマチ，リウマチ性肺炎，多発性動脈炎，アレルギー性血管炎，シェーグレン症候群などがⅢ型アレルギーの関与する疾患と考えられています。

Ⅳ型アレルギー

　細胞性免疫が関与するアレルギー反応です。抗原と反応した感作T細胞からマクロファージなどを活性化する種々の生理活性物質が遊離し，周囲の組織傷害を惹起します。Ⅳ型以外のアレルギー反応がすべて液性免疫であるのに対し，Ⅳ型だけは細胞性免疫がかかわり，リンパ球の増殖・活性化などアレルギー反応の発症に1～2日を要するため「遅延型アレルギー」とも呼ばれます。身近な例としては，ツベルクリン反応，接触性皮膚炎（漆かぶれなど）やアトピー性皮膚炎があります。Ⅳ型アレルギー反応では，原因のアレルゲンとの接触と発症の間に1日以上の間隔があるため，アレルゲンの特定が困難な場合もあります。臓器移植後の免疫反応やがん細胞に対する免疫反応もⅣ型アレルギーが関与していると考えられています。

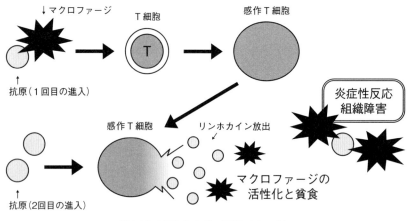

図1.11　Ⅳ型アレルギーの発症メカニズム

V型アレルギー

　何らかの理由で，自己であるはずの受容体に対する自己抗体が産生され，その自己抗体が本来のリガンドと同様に受容体を刺激します。その結果，細胞から生理活性物質が分泌されつづけるために生じる生理現象です。基本的な機序はⅡ型アレルギーに類似していますが，細胞障害性ではなく，細胞刺激性という点が異なります。代表的な疾患としてはバセドウ病があります。

8．自律神経系とアレルギー症状

　自律神経系は，交感神経と副交感神経の二系列からなり，支配臓器に対する作用は一般に両者が相反しています。

　第一系統の交感神経系は，生命維持に対する脅威など，広義のストレスに対して反応する神経系です。前述しましたが，再度「山道を歩いていてクマに遭遇した」としましょう。その場合，とるべき行動が2つ，徹底的に争うか，全力で逃げるかといいました。この場合，交感神経系は極度に興奮し，血管収縮，心拍数増加により血圧が上昇し，末梢組織からの還流量が増加します。当面必要性がない消化系や皮膚（外傷時の出血を少なくするため）への血液量が減少し，骨格筋への血液供給量を増加させ，くるべき戦いや逃避に備えます。気管支平滑筋は弛緩して気管径を拡大し，酸素の供給を増加させます。

　第二系統の副交感神経系は，交感神経とは逆に身体を休息させ，栄養を補給させる神経系です。消化管運動や消化液分泌など，安静時に重要となる消化管機能を亢進するために心拍数を減少させ，血圧を下げ，皮膚と胃腸への血液供給を増やします。瞳孔と細気管支は収縮し，唾液分泌を増やして消化管の蠕動を加速します。

　代表的なアレルギー疾患である喘息は，気管支平滑筋の収縮による気道狭窄によって呼吸困難を呈しますが，この症状は副交感神経系の興奮で悪化します。喘息の発作が深夜から明け方にかけて起こるのも，その時間帯に身体が深い安静状態にあり，副交感神経が優位（興奮）にあるからです。

　喘息と同様の発症機序（Ⅰ型アレルギー）を有する花粉症では，鼻汁と涙液の過剰分泌が主訴になりますが，これらの体液分泌も副交感神経の興奮によって促進されます。

第2章 薬理学における測定方法

　薬理学では，薬の性能を評価するためにいろいろな試験を行います。最初に重要なのは，生きている細胞や動物（ヒトを含む）に対する毒性の評価です。優れた薬理活性を示す物質でも毒性の強いものは使用できません。毒性を調べるのに，いきなりヒトで試験はできませんので，培養細菌などからはじめ，マウス，ラット，イヌなどから，徐々にヒトに近い動物で試験を行います。同時に薬理学的・生理学的な作用（効果）についても試験を行い，人体に対する有益性を総合的に評価します。このような一連の薬理学的検討は，アロマ（精油（エッセンシャルオイル）など）やハーブの有用性評価にも薬と同じように応用することができます。本章では薬理学で用いる種々の測定方法を概説し，アロマやハーブへの応用，さらにヒトの臨床試験について説明します。

2.1 毒性試験

1. 急性毒性試験

　投与直後から数日以内に発現する毒性を測定します。被験物質の投与回数は1回のみで，経口（p.o.），腹腔内注射（i.p.），静脈内注射（i.v.），皮下注射（s.c.）などの方法で，複数（一投与量に対して5〜20個体）の被験動物（マウス，ラット，ウサギ，イヌなど）に投与し，その後72時間の観察のなかで被験動物の生死のみを判定します。投与量は，1，2，3，4…のような等間隔ではなく，1，3，10，30，100…のような対数値等間隔（$\log_{10}=1$，$\log_{100}=2$…）を設定します。図2.1に急性毒性試験結果の一例を示します。

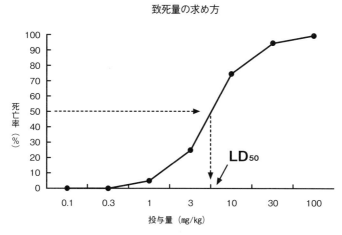

図2.1　急性毒性試験の結果例

横軸（投与量mg/kg）は被験動物の体重当たりの投与量を示し，目盛りは対数スケールになっています。この結果から得られる半数死亡値は約5mg/kgです。

　急性毒性試験では，被験物質投与後72時間以内に死亡した被験動物の数を測定し，被験動物の半数（一群20匹使用した場合10匹）が死亡する，理論的な投与量LD_{50}（致死量）を算出します。LD_{50}値が低いほど少ない投与量で死亡することになり，それだけ急性毒性が高いことになります。

表2.1　LD_{50}値の比較

被験物質	LD_{50} (mg/kg)	備考
青酸カリ	5〜10（ラット）	150〜300 mg/人
ニコチン	50（ラット），3.3（マウス）	40〜60 mg/人
カフェイン	260（ラット）	玉露50杯/人
ペニーロイヤル（*Mentha pulegium*）	400（ラット）	
バジル（*Ocimum basilicum*）	1,400（ラット）	
タラゴン（*Artemisia dracunculus*）	1,900（ラット）	
ティーツリー（*Melaleuca alternifolia*）	1,900（ラット）	
クミン（*Cuminum cyminum*）	2,500（ラット）	

アロマテラピーで使用する，やや毒性の強い精油も表示。ただし，飲用（経口投与）の場合。

2. 亜急性毒性試験および慢性毒性試験

　被験物質を連続して複数回投与します。投与期間は，亜急性毒性試験の場合，被験動物の平均寿命の1/10（ラットの場合3か月）の期間連続して投与します。慢性毒性試験では，寿命の1/10以上の期間にわたって投与を続けます。したがって，亜急性毒性試験や慢性毒性試験は，次項の特殊毒性試験同様，経済的には高額の費用を要します。これらの試験では，被験個体の死亡がない場合，試験終了後の被験個体について，その体重変化，血液検査，生化学的検査を行い，さらに解剖して病理的な所見を得ます。

2.2 特殊毒性試験

1. 催奇形性試験

　胎児発生初期，および分化活性期の母体（試験動物）に投与し，胎児に対する影響を病理学的に検査します。通常，マウス，ラット，ウサギのなかから，最低2種を用います。また，細菌を用いた「変異原性試験」も併せて行われます。

2. 発がん性試験

　被験物質について発がんを誘発する作用の有無を調べる試験です。慢性毒性試験以上に長い試験期間を要します。世代サイクルの短い細菌からはじめ，小動物に拡大します。ヒトを対象にした試験は不可能ですが，放射能被爆，喫煙，肥満，飲酒など，複数の要因に対して疫学的な検討が進められています。

3. 局所刺激性試験

　主として，抗原性など皮膚に対する作用を評価します。パッチ試験，スクラッチ試験，皮内投与試験などがあります。アロマテラピーのマッサージで，最初に精油を皮膚に適用する場合には，事前にアレルギー反応の有無などをパッチ試験などで確認します。

2.3 抗菌性試験

　病原性を示す，細菌類（黄色ブドウ球菌，腸炎ビブリオ，サルモネラなど），および真菌類（アスペルギルス，カンジダなど）に対する殺菌作用，増殖抑制作用を評価する試験です。試験管内試験（*in vitro*）と動物を用いた試験（*in vivo*）の２種類があります。

1. *in vitro*（試験管内）における抗菌力測定試験

　肉汁，ビタミン，アミノ酸などを含む寒天培地に菌をまき，37℃で保温すると，菌が繁殖し，透明だった寒天培地は白くなります。このとき，菌の増殖を阻害する物質が存在すると，増殖が阻害された部分だけが透明な培地として残ります。この現象を利用して抗菌性を評価する方法がディスク法です（図2.2）。

　ディスク法とは，紙製のディスクに被験物質（薬や精油）を一定濃度でしみ込ませ，寒天培地の上に置きます。ディスクからは被験物質がしみ出し，その濃度はディスクから離れるほど低くなります。この結果，被験物質の濃度が菌の増殖を抑制する濃度以上の部分では，培地が円形にもとのまま残り（抗菌域），その大きさ（半径）から被験物質の抗菌性が定量的に測定されます。

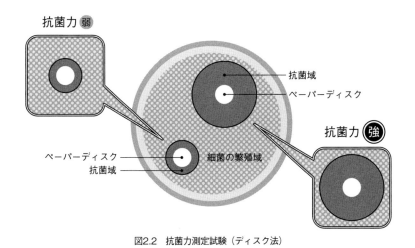

図2.2　抗菌力測定試験（ディスク法）

表2.2　抗菌作用の強い精油

精油名	学名	有効菌種
シナモンバーク	Cinnamomum zeylanicum	白色ブドウ球菌，連鎖球菌，クレンブシェラ
プチグレンビガラーテ	Citrus aurantium var. amara	カンジダ
ヒソップ	Hyssopus officinalis	結核菌
ラベンダー・アングスティフォリア	Lavandula angustifolia	連鎖球菌
ティーツリー	Melaleuca alternifolia	カンジダ
カユプテ	Melaleuca leucadendron	クレンブシェラ
セーボリー	Satureja hortensis	白色ブドウ球菌，連鎖球菌
クローブ	Syzygium aromaticum	白色ブドウ球菌
スパニッシュオレガノ	Thymus capitatus	白色ブドウ球菌，カンジダ，連鎖球菌，クレンブシェラ
タイム・チモール	Thymus vulgaris ct. thymol	エルジニア，カンジダ，連鎖球菌，クレンブシェラ

2. in vivo（実験動物使用）における抗菌力測定試験

　動物を用いた抗菌試験では，実験動物（通常はマウス）の腹腔に致死量（100％死亡量）の病原菌を接種します。そのまま放置すると，実験動物は体内で病原菌が繁殖し，死に至ります。病原菌接種から一定時間後に被験物質を投与（通常，経口投与，静脈内投与，あるいは腹腔内投与）すると，投与量に応じて実験動物は死を免れます（100－死亡率＝救命率）。図2.3のように，横軸に被験物質の投与量を対数目盛で，縦軸に死亡率を表示すると，死亡率50％（救命率50％）になる投与量（ED_{50}）を求めることができます。このED_{50}値が小さいほど抗菌作用が強く，有効性が高いことになります。

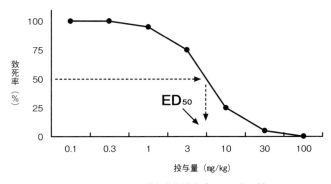

図2.3　in vivo での抗細菌性試験（ED_{50}の求め方）

2.4 抗ウイルス性試験

　ウイルスは，細菌のように栄養素の添加と温度管理だけでは自己増殖はしません。ウイルスの増殖には生きている細胞の存在が不可欠です。抗ウイルス性の測定には，まず，シャーレに真核細胞（通常は，ヒト，マウスなどの哺乳細胞）を培養します。そこにウイルスを添加し，さらに培養を続けるとウイルスが感染して内部で増殖した細胞は溶解し，プラークと呼ばれる斑点を形成します。対象（無処置，抗ウイルス活性なし）のプラーク数に対して抗ウイルス活性が認められるとプラーク数（ウイルスが感染，増殖して溶解した細胞数）の減少が観察されます（図2.4）。

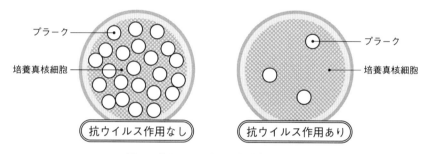

図2.4　抗ウイルス活性の測定（プラーク法）

表2.3　抗ウイルス作用を示す精油

精油名	学名	有効ウイルス種
ベルガモット	Citrus aurantium ssp. bergamia	単純ヘルペス
レモン	Citrus limon	インフルエンザ，単純ヘルペス
ミルラ	Commiphora molmol	肝炎
ティーツリー	Melaleuca alternifolia	腸炎，単純ヘルペス
カユプテ	Melaleuca leucadendron	神経炎
ニアウリ	Melaleuca viridiflora	インフルエンザ，単純ヘルペス，肝炎
メリッサ	Melissa officinalis	帯状疱疹，単純ヘルペス
ブラックペッパー	Piper nigrum	アデノ，インフルエンザ，肝炎，腸炎
ラベンサラ	Ravensara aromatica	インフルエンザ，肝炎，腸炎
ローズ	Rosa damascena	帯状疱疹，単純ヘルペス
セージ	Salvia officinalis	インフルエンザ，神経炎，腸炎，腺熱，帯状疱疹
レッドタイム	Thymus vulgaris ct. phenol	インフルエンザ，腺熱

2.5 臨床試験

薬などの作用を人体を用いて調べる試験です。病気（病人）に対する効果だけではなく，健常な人を対象に人体に対するさまざまな作用が調べられます。ヒトを対象とした試験ですので，その実施にあたっては安全性に加え，倫理的な観点からも試験方法の妥当性が精査されます。臨床試験では，試験計画について，複数の専門家（医学系，薬学系以外の法学や哲学の専門家を必ず含める）からなる倫理審査委員会での審査が必須で，社会的価値・科学的価値（ヒトの治療，健康に貢献するか？ 従来の知見との重複がないか？），科学的妥当性（正しい情報処理，適切な統計手法），被験者選択の適切性（試験によって利益を受ける集団と危険性を負う集団の一致），危険性の最小化，利益の最大化などについて審査が行われます。

倫理審査委員会の承認を得たのち，試験に参加する被験者には事前にインフォームドコンセント（説明と同意）が文書で実施されます。インフォームドコンセントでは，試験の目的と方法の開示（治療ではなく，実験であることの周知），予期される効果と危険性，他の治療法の存在があるかどうか，試験参加後の途中棄権が可能であること，試験に不参加と判断しても不利益を受けないことなどが確認されます。

臨床試験の実際

1．臨床試験第1期（第Ⅰ相試験，フェーズⅠ試験）

健常人ボランティア（謝礼あり）を対象に，単回投与から連続投与へ，低用量（動物実験におけるLD_{50}値の$1/600$程度）から開始し，副作用の発現が確認されるまで増量します。副作用発現の確認と同時に，人体における吸収，分布，代謝，排泄の各過程を詳細に解析しますが，基本的には薬理学的効果判定は行いません。

2．臨床試験第2期（第Ⅱ相試験，フェーズⅡ試験）

専門医療機関の少数患者を対象に，用量，投与回数，投与期間を限定して薬理作用発現の確認，薬理作用発現の必要用量の算出を行います。また，既存の同種薬効医薬品を比較対照薬として有用性の比較を行います。

3．臨床試験第3期（第Ⅲ相試験，フェーズⅢ試験，拡大臨床試験）

全国，広範囲の施設における患者（多数，数百症例以上）を対象に，有効性と

安全性に関する科学的，客観的な作用の立証を目的とします。具体的には，適応症の確定，用法・用量の確定，薬物相互作用の解明などがあげられます。試験は，プロトコルに従い，用量，投与回数，投与期間などが厳格に規定された環境で二重盲検条件（後述）のもとに行われます。

2.6 科学的・客観的効果判定の方法

「薬が効いた」ということを客観的に証明するのは容易ではありません。これは「アロマテラピーが効いた」「ハーブが効いた」を証明する場合も同じです。日本国内で医薬品（特に処方箋によって調剤される医薬品）を新たに販売するには，その効果をヒトを対象に客観的に証明し，国の認可を得て，薬価が決まり，健康保険の適用を受ける必要があります。その過程は非常に厳格です。

「薬が効いた」「効果があった」という現象が生じても，「効果」＝「真の効果」ではありません。表に現れる「見かけの効果」は「真の効果」と「随伴効果」が合体したもので，「真の効果」の有無を証明するためには「随伴効果」の影響を排除する試験と判定方法が必要になります。

随伴効果は「偶然的な誤差（error）」と「非偶然的な偏り（bias）」から成り立っています。

見かけの効果 ＝ 真の効果 ＋ 随伴効果

随伴効果 ＝ 偶然的な誤差（error）＋ 非偶然的な偏り（bias）

ここで「偶然的な誤差（error）」とは，性別，年齢，体重，喫煙習慣，飲酒習慣，疾病などの個人差に起因する誤差です。この誤差は，試験における被験者集団を大きくすること，被験者集団の割り付け（対照群と試験群への振り分け）を無作為に行う（男女比，年齢構成，喫煙習慣の有無などが対照群と試験群の間で同等になるようにランダム化を行うこと）によって最小化することができます。「非偶然的な偏り（bias）」は，人為的行為に起因する効果です。例えば，試験の担当医師が，試験に際して「この試験薬には効果があってほしい！」という期待感をもって試験に臨むと，その態度や雰囲気に被験者が影響を受け，無意識に期

待に応えてしまう，というような現象がそれです。また，有効成分の含まれていない「偽薬（プラセボ）」を投与されても「薬を投与された！」と感じることが原因で生じる「プラシーボ効果（思い込みによる効果）」も「非偶然的な偏り」に含まれます。この「非偶然的な偏り」の最小化のためには，試験にかかわる誰もが対照群と試験群を区別できないような条件の設定が必要で，そのために二重盲検試験（図2.5）が行われます。

〈二重盲検試験の手順〉

1. 対照薬（プラセボ）と試験薬の調製：形，色，重さ，においなど，外側からの観察では区別できない，2種類の製剤，対照薬（プラセボ）と試験薬を調製する。
2. 対照薬（プラセボ）と試験薬について，被験者ごとの必要量を分封し，ランダムに番号を割り当てる（番号から対照薬（プラセボ）か試験薬は判明しないようにする）。
3. 対照薬（プラセボ）の番号と試験薬の番号を記録する。この記録を「コントローラー」と呼ぶ。「コントローラー」を封筒内に厳封し，封筒を金庫に保管する。ここまでの作業にかかわった者は，以下の試験には参加しない。
4. 試験にかかわる被験者（患者）も医療従事者（医師，看護師など）も，対照薬（プラセボ）と試験薬を判別できない（盲験化）状態で試験を実施。結果は既定の「ケースカード」と呼ばれる記録用紙に記入する。
5. すべての試験が終了後，「ケースカード」の記録を整理，確定する。
6. すべての結果が確定したのち，金庫を開け，「コントローラー」を開封する。
7. 対照薬（プラセボ）と試験薬について，効果などに有意な差異が存在するかどうか，統計学的に解析する。

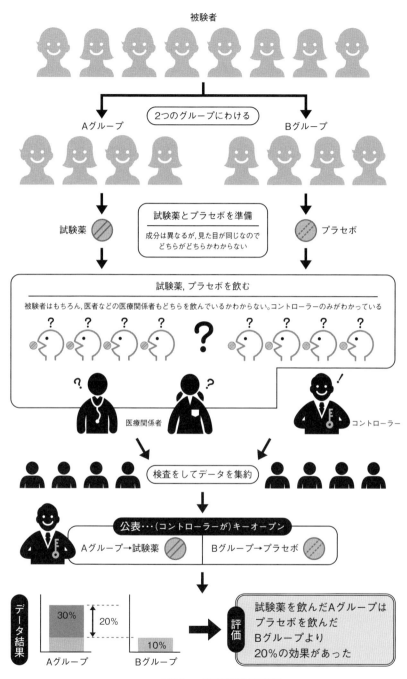

図2.5 二重盲検試験の手順例

第3章
薬の吸収，分布，代謝，排泄

　第2章では，毒性と薬理活性の評価方法について解説しましたが，アロマ・ハーブの作用は，薬同様，それらが体内に入ってからの動態にも大きく依存します。鼻や口，ときに皮膚などから体内に「吸収」された成分は，吸収部位から全身（脳を含む）に「分布」し，肝臓，肺，消化管などに到達して「代謝」を受け，最終的には，腎臓，胆嚢，肺などから「排泄」されます。このような一連の過程とそのメカニズムは，薬同様，アロマやハーブの成分にも当てはまります。そこで本章では，特にアロマ成分の動態に重要な皮膚からの吸収過程について詳しく解説します。

3.1 吸収

1. 皮膚からの吸収

皮膚の構造と役割

　皮膚は，体温や体液を保持し，外界からの異物の侵入を防ぐ，人体における最大の臓器です。外界からの異物の侵入に対する障壁（バリアー）は，皮膚表面に厚さ 0.02 mm ほどに存在する角質層に依存しています（図3.1）。

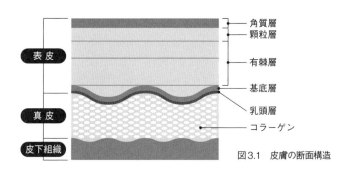

図3.1　皮膚の断面構造

角質層は，角化細胞（ケラチノサイト）の死骸が蓄積したものです。分子量500以上の分子に対しては強固なバリアー機能を有し，体内水分の保持にも重要な役割を果たしています。角質層を含む表皮は上皮組織で，その95％はケラチノサイトで構成され，角質層の新生を行っています。表皮の下層である基底層では，メラニン色素を産生し，紫外線防御を行うメラノサイトが存在します。表皮の最下層である乳頭層は，結合組織（コラーゲン線維）の真皮に接続しています。真皮には知覚神経が到達していますが，真皮より上層の表皮には神経がありません。したがって，「熱い！」と感じたときには表皮は火傷していることになります。真皮のさらに下層には皮下組織としての脂肪組織があり，体温の保持を行っています。

拡散理論に基づく皮膚からの吸収

　アロマテラピーでは，精油（エッセンシャルオイル）を皮膚に塗布してアロマ マッサージを行います。この際，精油中の低分子物質は，皮膚経由で全身に吸収されます。また医薬品のなかにも，抗狭心症薬（亜硝酸エステル製剤）や禁煙補助薬（ニコチン製剤）のように，皮膚から吸収させて全身作用を示すものがあります。皮膚における物質透過の障壁（バリアー）は，厚さ0.02㎜の角質層で，角質層を透過して表皮に到達した物質はすべて吸収されると考えられています。物質の角質層透過は「拡散」と呼ばれる現象で説明することができます（図3.2）。

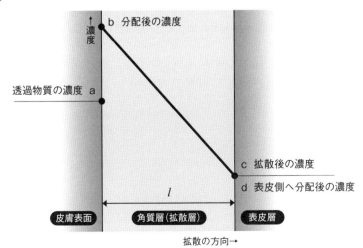

図3.2　皮膚における「拡散」現象

図示したとおり，拡散は左側から右側に向かって進行します。すなわち，左側が皮膚の表面，右側が表皮方向になります。皮膚に塗布された物質の濃度aは，角質層に「分配」という現象によって移行し，物質の性質によって分配後の濃度bとなります。この濃度bの物質は，角質層内を拡散して最終的には濃度cになります。表皮に到達したときの濃度がcで，表皮と角質層の間で，再度「分配」現象が起こり，表皮中へは濃度dの物質が到達し，その後は障壁（バリアー）はなく，全身に吸収されます。

　このような過程で皮膚から吸収される場合の吸収速度は，次のような式で表すことができます。

吸収速度　＝　拡散定数 × 分配率（b/a）× 適用濃度（a）× 角質層の厚さ（l）
※式中の拡散定数は，温度，拡散層の粘度，拡散する分子の分子量に依存します。

したがって，拡散定数が大きく（分子量が小さく），分配率が大きな（脂溶性が高い）物質ほど，皮膚からの吸収性がよいことになります。このような物質の代表が，精油の主成分となるモノテルペン類であり，薬においてはニコチンや亜硝酸アミルなどになります。

フガシティー（fugacity）って何？

　「逃散能」「散逸能」とも呼ばれ，物理化学の分野において圧力の高い実在気体の化学平衡を扱うときにも，理想気体の化学ポテンシャルの形式が成り立つようにする意図で導入された概念ですが，物質の皮膚吸収速度を解析する場合にも有用です。前述の式において「適用濃度」とありますが，正確には「物質の活量」で，活量はフガシティーに比例します。皮膚に適用したオイルや製剤から，皮膚側に移行する傾向（逃散能，フガシティー）が大きいほど，皮膚からの吸収速度が速くなることになります。フガシティーは，吸収される物質が飽和状態で存在するときに最大になります。

2. 消化管からの吸収

胃と吸収

　胃からは，水（分子量18），アルコール（分子量46）など，特に分子量の小さな物質のみが吸収されます。胃のなかは，胃酸によって酸性（pH１〜３）状態にあり，酸性条件下で分解したり失活する薬は，胃内で活性が低下することがあります。胃から吸収される物質は限定されていますので，経口摂取したものが消化管から吸収されるためには胃から排出されなければなりません。経口摂取した物質が小腸に送り出されるまでの時間を「胃排出時間」と呼び，作用発現までの時間に影響します。胃排出時間は空腹時に短く，食後には長くなります。

小腸からの吸収

　口から摂取したものの大半は小腸から吸収されます。小腸からの吸収過程には受動拡散と能動輸送の２種類があります。前者の受動拡散は精油の成分など脂質性物質に有利な吸収系で，後者の能動輸送はアミノ酸，糖質，ビタミンなどの身体にとっての必須栄養素の吸収にかかわります。小腸から吸収された物質は，すべてが門脈系と呼ばれる血管系に移行し，肝臓に送られます。肝臓は代謝活性の高い大きな臓器で，経口摂取された物質は小腸から吸収され，全身に移行する前に，そのすべてが肝臓での代謝を受けることになります。このような肝臓における代謝過程を「初回通過効果」と呼びます。

　経口投与された物質が，胃や腸からどのくらい吸収されるか，吸収され肝臓での「初回通過効果」を受けて全身に到達する量がどの程度かを示す指標に「バイオアベイラビリティー」があります。「バイオアベイラビリティー」は，吸収が完全で，肝臓での代謝がゼロの場合に100％になります。

胃，小腸（経口剤）からの吸収　→　全量が門脈系　→　肝臓　→　全身
　　　　　　　　　　　　　　　　　　　　　　　　　　（初回通過効果）

　これに対し，口腔（舌下）や直腸，皮膚からの吸収は，門脈を経由せずに静脈経由で全身に移行するので初回通過効果を受けません。肝臓での代謝により，すぐに失活するニトログリセリンなどの抗狭心症薬を舌下に投与するのは，この初回通過効果を回避するためです。

口腔（舌下錠），直腸下部（坐剤），皮膚からの吸収　→　静脈　→　全身

3. 鼻粘膜からの吸収

　アロマテラピーの効果は，におい物質が上鼻甲介から鼻中隔にかけて存在する鼻粘膜上の粘液に溶解し，さらに嗅上皮の嗅覚刺激受容体を刺激することにはじまります。その嗅覚刺激は，大脳新皮質を経由せずに直接辺縁系（旧皮質）に伝導し，記憶，情動に作用するとともに，視床下部などの自律神経系の中枢にも直接的に影響を及ぼすと考えられています。一方，鼻粘膜は，肺胞などと同様に，角質層をもたない上皮組織で，物質吸収に対する障壁（バリアー）は存在せず，鼻粘膜に到達した薬やアロマ成分は血管内に移行し，血液やリンパ液を介して全身に吸収されます。中枢性尿崩症の治療に用いられる抗利尿ホルモン誘導体（デスモプレシン）は，点鼻薬として投与され，全身作用を示します。

鼻粘膜から脳への経路

　血液中に移行した物質は，身体の全体に運ばれますが，脳へはブドウ糖，アミノ酸などの特定物質を除き移行しません。これは脳の毛細血管内皮細胞に存在する血液脳関門（blood brain barrier；BBB）のためです。一方，鼻粘膜から脳内に直接移行する経路の存在が示されています。元来，鼻と脳は近接した臓器で，鼻粘膜と脳は嗅覚神経で結ばれています（図3.3）。鼻粘膜に到達した物質は，嗅神経束の周囲に満たされた脳脊髄液に分配して篩板（頭蓋骨）を通過し，くも膜下腔に至り，くも膜下腔を満たしている脳脊髄液から脳内へ到達すると考えられています。

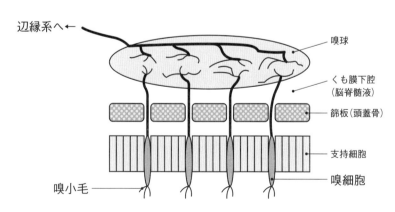

図3.3　鼻粘膜から脳への神経経路（嗅神経経路）

鼻腔と脳の間に直接経路が存在することは，強いくしゃみに伴って頭蓋内圧が上昇し，脳脊髄液が鼻から漏れる現象（鼻漏）によっても示されています。またヘルペスやポリオなどのウイルスが鼻粘膜を介して直接中枢神経系に感染することが知られています。

3.2 体内分布

1. 分布容積

　身体に薬などを投与すると投与部位から全身に移行します。この過程を「体内分布」と呼びます。分布が及ぶ大きさ（容積）は投与量を投与後の血中濃度で割って求め，これを「分布容積」といいます。成人の身体は，その約60%（約36ℓ）が水分ですが，体重60 kgの人における分布容積は36ℓではありません。ヒトの血液量（血漿量）は，通常，体重の5%で，体重60 kgでは3ℓにすぎず，残りの33ℓは血管外液として細胞内や細胞間に存在するからです。したがって，薬理学における分布容積は，投与された薬などがどの組織（血液を含む）に分布するかによって異なります（図3.4）。

分布容積 ＝ 投与量／投与直後の血中濃度

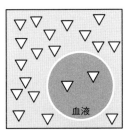
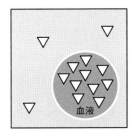

図3.4　分布容積

　薬の効果は，通常，血中濃度に依存します。分布容積の小さな薬のほうが，少ない投与量で高い血中濃度が得られ，有効性が得られることになります。分布容積が大きくなる原因としては，薬が血管外の脂肪組織などに分布（図3.4左）することで分布容積が大きくなる場合があります。

2. タンパク結合と組織分布

タンパク結合とは，アルブミンなどの血漿タンパク質が薬などの低分子化合物と結合して分子が巨大化する現象です。薬の多くは分子量が200〜500程度の低分子量化合物ですが，アルブミンなどのタンパク質は分子量が15万以上の大きな分子で，両者が結合すると薬分子は見かけ上，巨大化し，作用もなくなります。血漿タンパク質と結合した薬などの低分子は血管壁を透過できなくなり，血管外組織への分布が妨げられるため分布容積は小さくなります（図3.5）。

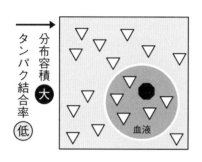

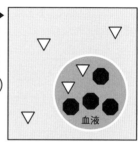

図3.5 タンパク結合と血中薬物濃度

結合体からの薬の遊離：血液中にタンパク結合した薬が存在する状態で，さらに外部から第三の物質が血液内に到達すると，結合していた物資質を結合体から「追い出す」ことがあります。そのような場合には，急に活性のある薬の血中濃度が上昇し，作用が増強され，危険な副作用を生じます。

3.3 代謝

薬などは，体内のさまざまな代謝酵素のはたらきにより化学的な変換を受けます。薬は代謝によって失活して作用を失う場合がほとんどですが，代謝によって作用が発現する場合もあります。

1. 代謝はどこで起こるのか？

　代謝は体内の多くの臓器で起こります。体内で代謝機能が特に高い肝臓では，酸化，還元，加水分解，抱合などの反応が酵素によって進行します。消化管粘膜も多くの代謝反応に関与しますが，その一部は消化管内に存在する細菌のはたらきによるものです。肺には酸化酵素があり，アルコールの代謝に関与しています。腎臓にも還元酵素やアルコール脱水素酵素（抱合酵素）が，また皮膚にも高い活性の加水分解酵素が存在します。

2. 薬代謝の実例

　解熱鎮痛剤のアスピリン（アセチルサリチル酸）は，活性本体ではなく，体内で加水分解を受けてサリチル酸となって効果を示します。この際，サリチル酸と同時に酢酸が放出されます。消炎剤として外用剤（パップなど）に配合されているサリチル酸メチルも，その活性体はサリチル酸で，こちらは脱メチル化反応によってサリチル酸に変換されます。

　コーヒーやお茶に含まれるカフェインは，体内で脱メチル化を受けてテオフィリンという気管支拡張作用のある抗喘息薬に変換されます。テオフィリンは気管支拡張作用に加え，心臓に対しても強い作用があります。したがって，カフェインにも毒性があり，濃い玉露茶を50杯も飲用すると，命にかかわるとされています。

　体内にとり込まれたアルコール（エチルアルコール（エタノール））は，二段階の代謝を受けて水と二酸化炭素に分解されます。最初の代謝反応では，アルコールをアルコール脱水素酵素によってアセトアルデヒドに変換します。アセトアルデヒドは，さらにアセトアルデヒド脱水素酵素によって代謝・分解されます。アルコール（お酒）に強いか，弱いかは，このアセトアルデヒド脱水素酵素の活性に依存します。モンゴロイド（黄色人種）である日本人の場合，アセトアルデヒド脱水素酵素の活性が弱い，あるいは欠損している人の割合は約50％です。すなわち，2人に1人はお酒がまったく飲めないか弱い体質にあるということになります。この割合は，コーカソイド（白色人種）やニグロイド（黒色人種）と比較すると高いです。

3.4 脂質の代謝

1. 脂質の構造

　健康診断の血液検査項目にTG，トリグリセライド，中性脂肪などの検査値標記がありますが，いずれも同じ意味をもつ，血液中の脂質量を示すものです。脂質は，グリセリン（3価のアルコール，水酸基－OHを3個もつ）と脂肪酸3個がエステル結合したもので，基本的には天麩羅油の成分です。体内の脂質はエネルギーの貯蔵庫で，重量当たりグリコーゲンの6倍のエネルギーを有します。脂質は，皮下組織や腹腔内に脂肪組織として蓄積され，体重の20％以上（平均男性で21％，女性で26％）を占め，3か月分以上の消費エネルギーの蓄積体となっています。

　脂肪酸は，カルボン酸（酢酸もその一種）に長い炭素の鎖が結合したかたちをもち，この炭素鎖部分にエネルギーが蓄えられています。脂肪酸はカルボン酸側から炭素2個ずつがアセチルCoAとして切り出され，このアセチルCoAがクエン酸サイクルで燃焼してエネルギーを生み出します。

　通常の脂質に似た構造の成分にリン脂質があります。通常の脂質（トリグリセライド）は，グリセリンに非極性（疎水性）の鎖状構造が3本ついていますが，リン脂質では，そのうちの1本がリン酸を含む極性基（親水性基）になっています（図3.6）。

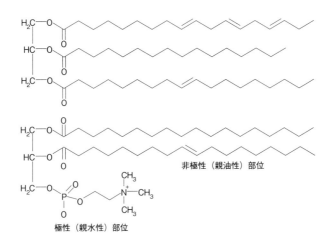

図3.6　トリグリセライド（上），リン脂質（下）の構造

リン脂質にはさまざまな役割がありますが、その第一は細胞膜の形成です。図3.7に示したように、リン脂質は1つの分子内に極性部分（水となじみやすい性質）と非極性部分（水となじまない性質）が共存しています。極性部分と非極性部分は互いに反発し、極性部分どうし、非極性部分どうしは引き合う性質がありますので、周囲が水系の環境下（体内）でリン脂質は、極性部分を外側に非極性部分を内側にして集合し、二層性の膜構造をつくり安定します。この二重膜が私たちの細胞をとりまく細胞膜の構造になります。

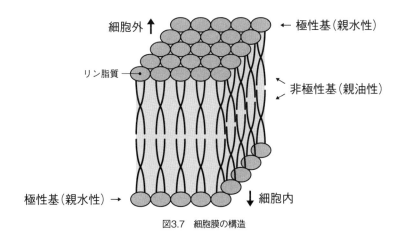

図3.7　細胞膜の構造

2. 脂質の代謝

　リン脂質のもうひとつの役割は、プロスタグランジンなどの合成原料であるアラキドン酸の体内での供給源になることです。細胞膜を形成するリン脂質にホスホリパーゼA2という酵素が作用すると、アラキドン酸という長鎖不飽和脂肪酸が切り出されます。アラキドン酸からの代謝には複数の経路が存在しますが、シクロオキシゲナーゼという酵素によって五角形の環状構造が形成されると、プロスタグランジン類と呼ばれる一連の生理活性物質が合成されます。プロスタグランジン類の作用はさまざまですが、代表的なものとして、炎症性物質としての性質があります。したがって、体内でのプロスタグランジンの合成を阻害することができれば、優れた抗炎症薬になります。実際、史上最強の抗炎症物質であるステロイドの作用は、細胞膜からアラキドン酸を切り出す酵素ホスホリパーゼA2の阻害にありますし、身近な解熱鎮痛薬（その多くは抗炎症薬）であるアスピリ

ン，インドメタシン，イブプロフェンなどの薬は，アラキドン酸に五角形の環状構造を導入するシクロオキシゲナーゼを阻害します。プロスタグランジンにはさまざまな作用があるといいましたが，炎症性物質としての作用以外に，胃粘膜の保護作用も有しています。炎症を抑制するために抗炎症剤を投与してプロスタグランジンの合成を抑制すると，胃粘膜の保護作用も阻害されるため，胃障害や胃潰瘍が生じます。抗炎症薬を長く飲みつづけたときの副作用に胃障害があるのはそのためです。

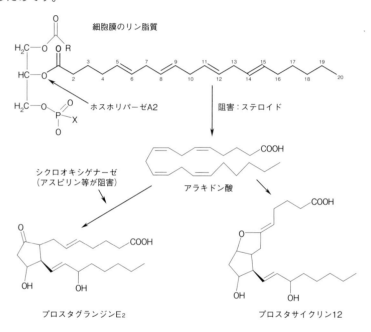

図3.8　リン脂質からアラキドン酸を経てプロスタグランジン類へ

3. イソプレンからテルペン類，ステロイドへ

　植物が産生するアロマ成分の大半は「イソプレン」と呼ばれる炭素5個からなる低分子の代謝によって生産されます。イソプレンは図3.9のように「尻尾のない馬」の形をもち，このイソプレンが複数結合することでさまざまな成分が生まれます。イソプレンが2個結合すると炭素数10個の化合物が生成し，モノテルペン類を形成します。図中のリモネンをはじめ，モノテルペン類は植物のアロマ成分の主体で，低分子のため揮発性に優れ，アロマテラピーにおける嗅覚刺激成

分になります。イソプレンが3個結合すると炭素数15個の化合物，セスキテルペンが生成し，より複雑な成分としてアロマテラピーで利用されます。

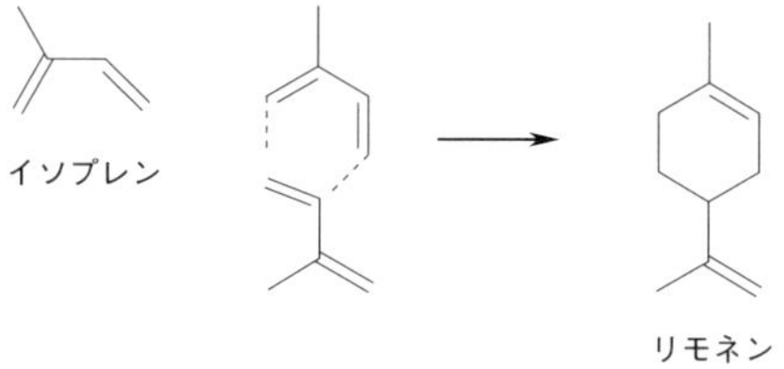

図3.9　イソプレン2個からモノテルペンへ

「尻尾のない馬」イソプレンが6個集まるとスクワレンが形成されます（図3.10）。
　スクワレンは，コレステロールを経て，種々のステロイド化合物に変換されます。アロマテラピーで用いる精油の多くに，抗菌作用をはじめ，種々の生理活性が認められるのは，イソプレンを単位とした一連の代謝過程に影響を及ぼすためと考えられています。

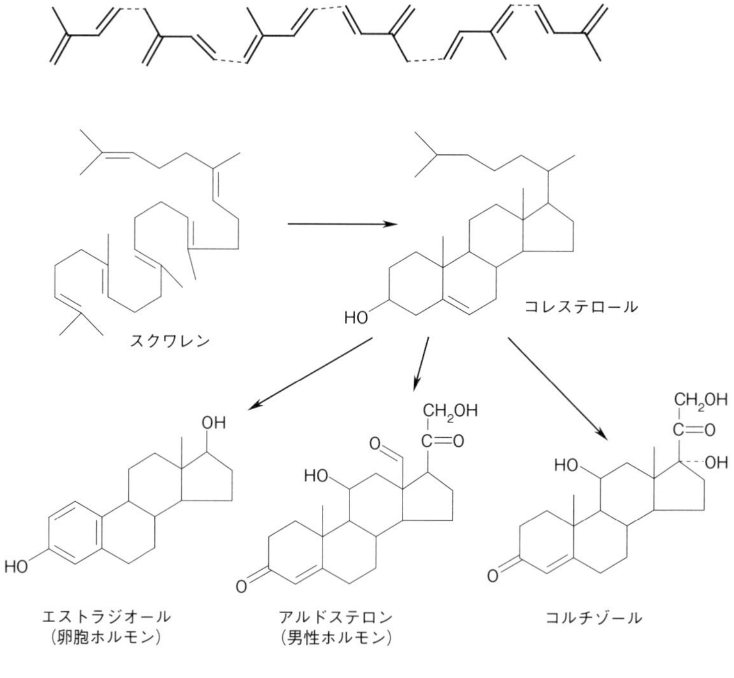

エストラジオール
（卵胞ホルモン）

アルドステロン
（男性ホルモン）

コルチゾール

図3.10　イソプレン6個からステロイドへ

3.5 排泄

身体に吸収され，全身に分布し，代謝を受けた薬などは，最後に身体から排泄されます。主要な排泄器官は，腎臓と胆嚢（肝臓）ですが，精油の主成分である炭化水素（テルペン類）は水と二酸化炭素に分解され，肺からも排泄されます。

1. 腎臓からの排泄

腎臓の濾過装置である糸球体は，1日に1,700〜1,800ℓの血液を濾過します。これは毎回の心拍出量の約20〜25％が腎臓で濾過される計算になります。正常な糸球体機能のもとでは，分子量が50,000以上の分子は濾過されません。血中アルブミンなどのタンパク質は分子量が70,000以上あるため，通常は糸球体を通過できませんが，ネフローゼなどの疾患によって糸球体に損傷が生じると糸球体を透過して尿中に漏れ出します。これがタンパク尿や血尿です。1日に1,700〜1,800ℓの血液を濾過する糸球体からは，その約10％に相当する170〜180ℓの原尿が生成されます。血中のブドウ糖（血糖）は分子量180と低分子のため糸球体を通過し，原尿中に排泄されますが，続く尿細管で血中に再吸収されるため，通常，尿中には排泄されません。原尿中のブドウ糖濃度が高値で，尿細管で再吸収しきれないと，尿中にブドウ糖が排泄されます。これが糖尿病の症状のひとつになります。尿細管では，ほかにもアミノ酸，ミネラル，水分などが再吸収されます。1日170〜180ℓの原尿が生成されるなかで，最終的に尿として体外に排泄される量は約1.5〜1.7ℓですので，原尿の99％は尿細管での再吸収によって体内に戻されることになります。尿細管は再吸収機能に加え，分泌も行います。血中の有機酸や有機塩基は尿細管から分泌され，体外に排泄されますが，その多くは体外から投与された薬成分です。

尿中排泄 ＝ 糸球体濾過 ＋ 尿細管分泌 － 尿細管再吸収

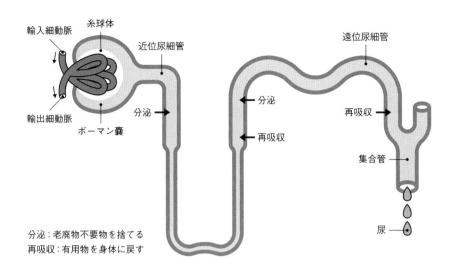

図3.11 腎臓からの排泄過程

2．胆汁排泄

　肝臓は1日に0.7～1.2 ℓ の胆汁を生成し，胆管中に分泌しています。胆汁は胆嚢に貯蔵され，総胆管を通して十二指腸内に排泄されます。胆汁本来の役割は消化液で，脂肪の消化に重要な役割を果たします。一方，肝臓でグルクロン酸抱合などの代謝を受けた薬は胆汁中に排泄されます。胆汁中の代謝物は十二指腸内に排泄され，糞便として体外に出ていくものと小腸で再吸収され再び肝臓に戻るものがあります。

第4章
毒性作用のある
アロマ成分とハーブ類

　アロマ（精油（エッセンシャルオイル））やハーブの多くは，安全性が高く，使いやすいものですが，毒性や副作用がないわけではありません。ハーブ類のなかには，薬の原料であるものも多く，その使用には注意が必要です。本章では，とり扱いが難しく，ときに使用自体が禁忌の精油やハーブをとり上げ，その毒性と注意点について説明します。

4.1 精油（エッセンシャルオイル）成分の毒性作用

1. フラノクマリン系物質

　通常のアロマテラピーの現場において，問題となる可能性が最も高いのが光毒性です。皮膚に塗布された精油中に存在するクマリン系の多環性化合物は，波長の短い（エネルギーの高い）日光（紫外線）を効率的に吸収し，そのエネルギーを皮膚細胞に放出します。その結果，オイル塗布と日光照射を受けた皮膚は，強度の日焼け，ときには火傷の症状を呈することになります。次に光毒性が懸念される精油を示します。

- ベルガモット（*Citrus bergamia* per.）
- ビターオレンジ（*Citrus aurantium* var. *amara* per.）
- グレープフルーツ（*Citrus paradisi* per.）
- レモン（*Citrus limon* per.）
- ライム（*Citrus aurantifolia* per.）
- クミン（*Cuminum cyminum* fruct.）
- アンジェリカの根と種（*Angelica archangelica* fruct., rad.）

ベルガモットからライムまでは，いずれも柑橘系の圧搾オイルで，クミンとアンジェリカはキク科の植物です。ベルガモットオイル中には約２％の結晶性クマリン誘導体が存在しますが，光毒性の主体はベルガプテン（右図）です。ベルガプテンはフラノクマリンあるいはソラレンと呼ばれる化合物の仲間で，比較的揮発性の低い（沸点の高い）物質です。

クマリン　　　　フラノクマリン（ソラレン）

ベルガプテン

したがって，同じ柑橘系由来のオイルでも，蒸留法で得られるオイルには光毒性がありません。ただし，柑橘系の蒸留オイルは，圧搾オイルに比べ，そのにおい特性は劣るといわれています。柑橘系の圧搾オイルでもスイートオレンジ，マンダリン，タンジェロなどには光毒性がないか，極めて弱いといわれています。

　ベルガモットやアンジェリカオイルに光毒性が存在するのは事実ですが，それを理由にこれらの重要なオイルをアロマテラピーから排除するべきではありません。前述したように，適用量（濃度）に配慮することで，毒性物質（＝強生理活性物質）も安全かつ有効に利用することができるからです。IFRA（The International Fragrance Assocication：国際香粧品香料協会）のガイドラインでは，ベルガモットとクミンは0.4％，ライムは0.7％，アンジェリカは0.8％以下にベースオイルで希釈すれば，通常使用が可能であるとしており，それよりも高濃度で適用した場合でも12時間以上の非曝露期間を設定すれば使用できるとしています。

2．皮膚アレルギー反応物質

　アレルギー反応はアレルゲンが体内に侵入することで惹起されるものです。アレルゲンは通常，比較的大きな分子で，立体的で複雑な構造を有しています。一方，精油成分の大半は低分子化合物ですので，それ自身がアレルゲンとして作用するとは考えにくく，皮膚のタンパクなどと結合することでアレルゲンとしての特性を発現するものと考えられています。あるオイル成分が，特定個人に対してアレルゲンとして作用するか否かを予測することは不可能で，過去の経歴（薬剤やトリートメントに対して過敏性があったかどうか）から推測するしかありませ

ん。アレルギー反応を惹起したとの報告がある成分として，リモネン，ピネン，メントールなどがあります。多くの精油の主成分であるリモネンなどのテルペン類は，それ自身にはアレルゲンとしての作用は確認されませんが，保存中の酸化反応によって（右図），アレルギー反応の原因になることが報告されています。

精油の成分自身がアレルギー反応を惹起すると考えられる事例も存在します。以前，香水原料として多用されたコスタスオイルは，皮膚のパッチ試験によって接触性皮膚炎の原因になることが示されています。IFRAは1992年6月に未処理のコスタスオイルをフレグランスとして使用しないよう勧告しています。コスタスオイルと同様，強い皮膚感作作用を示すものにエレキャンペーンオイルがあります。エレキャンペーンオイルはラクトン類を多く含み，コスタスオイルと同じ成分も含有しています。したがって，コスタスオイルに反応して皮膚症状を起こした人は，エレキャンペーンオイルにも反応（交叉反応）します。アリールジスルフィド類を含有するガーリックオイルもアレルギー反応を惹起することが知られています。バーベナオイルにも強い皮膚感作作用が認められていますが，その原因成分は不明です。d-リモネンは多くの精油に含有されていますが，アレルギー反応を惹起するシトラールやシンナンムアルデヒドの作用を相殺するはたらきがあります。したがって，シトラール含量の多いレモングラス，メリッサなどの精油では，共存するd-リモネンの作用によって皮膚感作作用が出現することはほとんどありません。精油が単一の化学物質ではなく，複雑な成分の相乗作用で構成されるホリスティック（全体的）な存在である証拠といえるでしょう。

3. ツヨン（ツジョン），アサロンの中枢作用

中枢毒性発現により製造中止になった「アブサン酒」の毒性成分は，風味づけに用いるニガヨモギ（ワームウッド，*Artemisia absinthium*）由来のケトン類ツヨンであると考えられています。このツヨンはホワイトシダー（*Thuja occidentalis*），セージ（*Salvia officinalis*），タンジー（*Tanasetum vulgare*）な

どの精油にも含まれています。カラマス（*Acorus calamus*）に含まれるアサロンにも同様の作用があります。これらの成分は脂溶性が高く，皮膚からも相当量が吸収されると考えられるので，特に妊婦などへの使用は禁忌とされています。

ツヨン　　　　　　アサロン

4.2 毒性作用の強いハーブ類

1. トリカブト（*Aconitum japonicum* var. *montanum*）

トリカブトは代表的な有毒植物です。日本の山野に自生する身近な植物です。漢方ではトリカブト属の塊根を「附子」といい，強心作用，鎮痛作用を目的とした薬用に使用しています。主な毒成分はジテルペン系アルカロイドのアコニチンです。その心臓毒性は即効性があり，致死量は0.2 g程度（青酸カリと同等）と考えられています。早春の若芽は，山菜として人気のあるニリンソウと酷似しているため，誤食による中毒事故が頻発しています。ニリンソウ以外にもセリ，ゲンノショウコ，ヨモギなどと誤認した事故が報告されています。

2. ジギタリス（*Digitalis purpurea* L.）

和名は「キツネノテブクロ」といいます。写真のように，花が美しく，広く観賞用にも栽培されますが，実は全草が猛毒です。花の色は紫が基本ですが，園芸品種では白やピンクも存在します。古代から切り傷や打ち身に対して薬として使用されていましたが，18世紀に強心剤としての薬効が発見されて以来，その成

分であるジゴキシン，ジギトキシンは，うっ血性心不全の特効薬として広く用いられるようになりました。

3. イヌサフラン (*Colchicum autumnale*)

イヌサフランはイヌサフラン科の植物で，アヤメ科のサフラン（*Crocus sativus*）とは別の植物になります。イヌサフランの鱗茎（球根）や種子にはコルヒチンという強い毒性成分が含まれています。コルヒチンは，適量を正しく使用すれば痛風の特効薬になります。イヌサフランの痛風に対する効果は古代ローマ時代から注目され，19世紀初頭になってその成分であるコルヒチンが同定されました。コルヒチンには，植物の細胞分裂に影響を与えて倍数体にする作用があり，種なしスイカなどの品種改良などに使われています。一方，コルヒチンにはヒ素様の毒性があり，イヌサフランの種子数gを服用すると死に至ることがあります。イヌサフランの葉は，山菜のギョウジャニンニクに似ているため，毎年誤食による中毒事故が頻発し，相当数の死者を出しています。外見の酷似したアヤメ科のサフランは，その雌しべが紀元前からヨーロッパで香料・染料として利用されていました。古代ギリシャではサフランの黄色が珍重され，王族の色として使用されました。サフランは，その雌しべが香辛料として料理に多用されることに加え，生薬としては「番紅花」と呼ばれ，鎮静，鎮痛，通経作用があるとされています。動物実験では，サフランの黄色色素であるクロシンに大腸がん予防に効果があるとする結果が報告されています。

4. スズラン (*Convallaria majalis*)

　本州中部以北から北海道の山野に自生します。「ラン」という名前ですがラン科ではありません（別種のエゾスズランはラン科植物）。強心配糖体のコンバラトキシン，コンバラマリン，コンバロシドなどを含む有毒植物です。全草，特に花や根に有毒成分が多く含まれています。経口摂取した場合，心不全や血圧低下などの症状を起こし，重症の場合は死に至ります。山菜として有名なギョウジャニンニクと葉の形状が類似しているため，誤食による中毒事故が起きています。花を生けた水を飲んでも中毒症状が起こり，死亡例の報告もあります（夏目漱石の小説『それから』には，女主人公が咽喉の渇きを癒すためにスズランを生けた水を飲む場面があり，作品中では「毒ではない…」としています）。

5. ニチニチソウ (*Vinca major*)

　ニチニチソウはマダガスカルが原産ですが，日本では園芸用に広く栽培されている身近な植物です。マダガスカルでは民間薬として糖尿病の治療に用いられてきましたが，科学的な探索の結果，ビンカアルカロイド（ビンカはその学名 *Vinca* に由来）と呼ばれる，一連の生理活性成分が発見されました。特に細胞分裂の阻害作用の強いビンクリスチンとビンブラスチンは，抗がん薬として開発されて広く使用され，小児白血病の治療に大きく貢献しています。一方，この植物を誤って摂取すると，心臓機能障害や中枢神経障害などの毒性が発現し，危険です。

6. アジサイ（*Hydrangea macrophylla*）

原種は日本に自生するガクアジサイですが，ヨーロッパ，アメリカなどで観賞用として広く栽培されています。ヨーロッパで品種改良されたものを「セイヨウアジサイ」と呼びますが，原産地は日本です。アジサイは，庭先，公園など身近にみられる植物ですが，家畜やヒトが摂取したことによる中毒事故が数多く報告されている有毒植物でもあります。中毒症状は呼吸障害，痙攣，麻痺などで，死亡することもあります。他の食用植物との誤認ではなく，料理の飾りに使われた葉を摂食して中毒を起こした例が報告されています。アジサイの毒性成分は，青酸配糖体やアルカロイドなどの存在が指摘されていますが，詳しくはわかっていません。アルカロイドのフェブリフジンを含む種は，古くから漢方薬として利用されてきた歴史があり，近年ではフェブリフジン誘導体のハロフジノンが抗マラリヤ薬として使用されるようになっています。

7. オダマキ（*Aquilegia* L.）

アジアからヨーロッパにかけて広く自生します。日本では，ヤマオダマキ（*Aquilegia buergeriana*）とミヤマオダマキ（*Aquilegia flabellata* var. *pumila*）の2種が高山地域から里山にかけて自生します。ミヤマオダマキは山野草として広く栽培されています。全草が有毒で，その主な有毒成分としてはプロトアネモニンが想定されています。プロトアネモニンを含有する植物は，ほかにも存在し，漢方などで発泡薬（外用することによって水疱を誘発し，皮膚や内科の病気を治療する薬）などとして使用されています。プロトアネモニンを含有する植物を経口摂取した場合には消化器系に炎症を生じます。

8. クリスマスローズ (*Helleborus niger*)

　クリスマスローズは「ヘレボラス」ともいい，アネモネや福寿草などと同じキンポウゲ科の植物で，ヘレボラス属（原種は約20種）になります。本来，クリスマスローズはヘレボルス・ニゲル（*Helleborus niger*）のことをいいますが，日本ではヘレボルス・オリエンタリス（*Helleborus orientalis*）などもクリスマスローズと呼んでいます。名前のようにクリスマス前後に開花する品種もありますが，大半は春に開花します。民間薬としては強心剤や下剤に用いられてきました。根および葉にステロイドやステロイド骨格を有する強心配糖体（ヘレブリン）を含み，摂取すると嘔吐，下痢，徐脈から心停止に至ることもあります。また，目や口内の粘膜に接触するとただれや腫れを生じます。

9. スイセン (*Narcissus* L.)

　原産地は地中海沿岸ですが，ニホンズイセン（*Narcissus tazetta* var. *chinensis*）は，非常に古い時期に中国から入ったと考えられています。現在では，本州以南の海岸などで野生化し，群落を形成しています。全草，特に鱗茎部にリコリンとシュウ酸カルシウムを含む毒草です。鱗茎部をアサツキと誤食して死亡した例が報告されています。また葉の形状がニラに類似していることから，誤食による中毒事故がくり返し報告されています。リコリンは，スイセンをはじめとするヒガンバナ科の植物に含まれるアルカロイドで，催吐作用が強く，大量摂取（10g）で死亡します。水溶性が高いので水にさらすことで除去が可能です。現在，水田の畦道に群生するヒガンバナは，凶作時にその鱗茎を救飢植物として食用にしたなごりといわれています。シュウ酸カルシウムは，法律で劇物に指定されています。このほか，ヤマイモ，サトイモ，パイナップルやホウ

レンソウにも微量ですが含まれています。経口摂取すると口腔粘膜や食道粘膜に強い灼熱感を与え，摂取量が多い場合には重篤な消化器障害や呼吸障害を生じ，昏睡から死に至ることもあります。

10. チョウセンアサガオ（*Datura metel*）

「ダチュラ」「マンダラゲ（曼陀羅華）」などとも呼ばれ，園芸用品種も多く流通しています。原産地は南方アジアとされ，日本には江戸時代に渡来してきました。世界で最初の全身麻酔下による乳がん手術を行った華岡青洲は，チョウセンアサガオの実などを用いて通仙散（麻酔薬）を調合したとされています（人体実験段階で母が死亡，妻が失明）。葉・茎・花・根と，植物全体にアトロピンなどのトロパンアルカロイドを含みます。アトロピンには副交感神経を抑制する作用があり，医薬品として散瞳や前麻酔薬として用いられています。地下鉄サリン事件（サリンは強力な副交感神経興奮剤）の際には，被害者の治療のために東京中の病院からアトロピンが集められました。一方，その根がゴボウに類似することから，誤食による中毒事故もあり，口渇，嘔吐，倦怠，瞳孔拡張，頻脈，意識混濁などの症状が報告されています。

11. キョウチクトウ（*Nerium oleander* var. *indicum*）

インド原産で，日本には中国経由で江戸時代に渡来してきました。乾燥に強く，栽培が容易なため，街路樹をはじめ，庭木としても身近な園芸植物ですが，強い毒性があります。庭木の葉が池に落ちると，池の魚が死にます。また，野外でのバーベキューで枝を串に使用して死亡者が出たことや，牛の飼料に乾燥葉が少量混入したことで，牛が死亡した報告例もあります。主な毒性成分は，強心配

糖体のオレアンドリンで，ヒトに対する毒性は青酸カリを上回るとされています。

12. マオウ（*Ephedra sinica*）

世界中の乾燥地帯に自生する常緑低木ですが，日本国内での自生は確認されていません。乾燥に適応するため，葉は鱗片状に退化しています。中国北部の乾燥地帯に自生するシナマオウ（*Ephedra sinica* Stapf）は，古くから「麻黄」の名前で薬用に供されてきました。日本薬局方にも，草麻黄，中麻黄，木賊麻黄が，その地上茎を生薬として用いると記載されています。生理活性成分は，学名に由来するアルカロイドのエフェドリンで，交感神経興奮作用があり，鎮咳や気管支拡張作用を示し，感冒薬や喘息治療薬として用いられます。マオウは，主にアメリカで「エフェドラ」などの名称で，ダイエット効果をうたったサプリメントとして販売され，プロのスポーツ選手らが使用しました。その結果，野球やアメリカンフットボールのプロ選手のなかに心臓麻痺や動脈瘤破裂などの死亡例が続出し，販売が中止になりました。現在では，マオウの主成分であるエフェドリンは，ドーピング検査の対象薬物となっています。またエフェドリンは，比較的簡単な化学反応によりメタンフェタミンに誘導することが可能であることから，覚醒剤取締法の対象になっています。

13. ウルシ（*Toxicodendron vernicifluum*）

アジア原産で，漆を採取するために古くから利用されてきました。日本では一万年以上前の縄文時代の遺跡から漆器が発掘されています。ウルシに含まれるウルシオールは接触性皮膚炎（漆かぶれ）の原因となります。接触性皮膚炎は遅延型のアレルギー反応（Ⅳ型アレルギー）で，原因物質に接

触後48〜72時間で，痒みを伴った紅斑，浮腫，水疱などが現れます。漆器職人は，早くから漆を舐めたり，ウルシの新芽を食べたりして，ウルシに対するアレルギー反応を減弱させる努力をするといわれています。これは経口免疫寛容の一種と考えられています。

14. ノウゼンカズラ（*Campsis grandiflora*）

中国原産ですが，平安時代にはすでに渡来していました。夏に毒々しいまでに赤い大きな花をつけます，漢方では，この花や樹皮を利尿や通経に用います。花にアレルギーの原因成分が存在し，その汁でかぶれる人がいます。また，古くから，花の汁が目に入ると危険とされています。原因物質としては，ラバコールとの関連が指摘されています。ラバコールを含む，ノウゼンカズラ科の植物を，南米の原住民は解熱，消炎，健胃などに用い，その木部には防腐，防虫作用が認められています。また，ラバコールには抗がん作用があるという報告もあります。

15. ジャガイモ（*Solanum tuberosum* L.）

代表的な食用作物ですが，ジャガイモの皮や芽にはソラニンをはじめとする有毒なアルカロイド配糖体が含まれています。有毒成分は加熱調理しても失活しませんので，食用に際しては，緑に変色した皮や芽は完全にとり除く必要があります。中毒症状は，頭痛，嘔吐，腹痛など，一般に重篤ではありません。しかし，小児においては毒性に対する感受性が高いので，芽の大量摂取による死亡例の報告もあります。

16. ケシ（*Papaver somniferum*）

　花が終わった後にできる未熟果（ケシ坊主）から得られる乳液状の分泌物からアヘン（阿片）がつくられます。アヘンの鎮痛作用や精神作用は紀元前から知られていました。麻薬性があり，日本国内での栽培には厚生労働大臣の許可が必要です。しかし，種子に対する規制はなく，小鳥の餌に混入していた種子が自然界で発芽してケシが育つことがあります。アヘンを吸引すると鎮痛作用に加えて恍惚感が得られることから，アヘン中毒を生じます。アヘンを常用すると，精神的かつ身体的な依存症状を呈し，使用を停止すると，痙攣，発汗，悪寒などの禁断症状を起こします。アヘンの主成分はモルヒネ（約10％）で，強力な鎮痛剤として重要な医薬品ですが，モルヒネに簡単な化学修飾（ジアセチル化）を行って得られるヘロインは完全な麻薬で，その製造，所持，使用は法律で厳しく規制されています。

第5章 アロマとハーブの作用各論

5.1 花粉症

　種々の植物花粉をアレルゲン（抗原）とする即時型（Ⅰ型）アレルギー反応（p.22参照）のなかで，アレルギー性鼻炎症状（くしゃみ，鼻水，鼻閉など）とアレルギー性結膜炎症状（目の痒み，充血，流涙など）を主な症状とするものを「花粉症」と呼んでいます。日本ではスギやヒノキの花粉症が一般的ですが，牧草などを原因とする「枯草熱（hay fever）」と呼ばれている疾患も花粉症の一種になります。アレルゲンが花粉以外（ハウスダストなど）のアレルギー反応の場合，症状が通年性であるか，少なくとも季節性が認められません。

　花粉症の鼻炎症状の特徴は粘度の低い透明な鼻汁ですが，風邪などの感染症に起因する鼻炎は，症状の経過とともに鼻汁は粘度を増し，緑黄色を呈するようになることから，両者の識別は容易です。鼻汁や涙液の分泌は，副交感神経系の興奮によって促進されます（喘息と同様）。そのため，早朝の起床時に強い症状が出やすく，これを「モーニングアタック」と呼んでいます。花粉症の症状が重積すると，鼻閉による嗅覚障害，後鼻漏による咽頭炎や気管支炎，さらには継続的な睡眠障害などからうつ病を誘発することもあります。

花粉症の原因植物

　植物の受粉様式には，非生物的受粉（主に風による風媒受粉）と昆虫などによる動物媒受粉があり，種子植物の約90％が後者の動物による送粉に依存しています。一方，花粉症の原因となる植物は基本的に風媒花の花粉で，裸子植物の大部分と一部の被子植物がこれにあたります。花粉症は，特定植物の花粉に対するアレルギー反応ですが，近縁植物では花粉の抗原性にも共通性があり，交叉反応を起こすことが多くあります。

スギ・ヒノキ

日本では第二次大戦後，集中的に植林されたスギが，1980年代から大量の花粉を飛散させるようになり，これに曝露された人々の多くがスギ花粉症を発症しました。またスギ花粉と交叉反応性があり，スギよりも抗原性が強いヒノキ花粉もアレルゲンとして重要です。

ヒマラヤスギ

イネ科

米，小麦，トウモロコシなどの穀物，サトウキビや飼料・牧草の多くがイネ科植物に属します。花粉症とほぼ同一疾患と考えられる枯草熱の語源は，英国などにおいて強いアレルギー反応がイネ科植物である牧草の収穫時期に発症したことに由来しています。日本のイネ（米）も風媒花をつけますが，開花が短時間で水田栽培のため，花粉症の主な原因にはなっていません。しかし，脱穀時などにアレルギー症状を呈する例があるようです。

シラカンバ

関東以北の高原や寒帯・亜寒帯に自生します（別称シラカバ）。スギ・ヒノキ類の少ない北海道ではシラカンバ花粉症が報告されています。北欧（スカンジナビア半島地域）では花粉症の主な原因になっています。同じカバノキ科のハンノキも花粉症の原因になります。

ブタクサ

北米原産のキク科植物で，明治初期に渡来した帰化植物です。同種のオオブタクサとともに秋期花粉症の主な原因となっています。原産地の北米では，人口の10％以上がブタクサ花粉に対する抗体を有していると報告されています。同じく明治初期に渡来したセイタカアワダチソウを「ブタクサ」と呼ぶことがありますが，セイタカアワダチソウは昆虫媒受粉のため，花粉症の主な原因にはなりません。

花粉症に有用なハーブ

ハーブのなかにはアレルギー疾患の症状緩和に有用なものがある一方で，アレルギー疾患の原因や誘発要因になるものもあります。ここではアレルギー反応に影響を与える可能性のあるハーブについて，その成分特性を含めて解説します。

1．アニス（*Pimpinella anisum*）

原産地：東地中海沿岸，南西アジア
主要成分：アネトール，アニスアルデヒド，γ-ヒマカレン

解説：果実を水蒸気蒸留して得られるアニスの精油は，その80％がアネトールで構成されています。フェノール性のエーテル類が有する鎮静作用や鎮痙攣(けいれん)作用が喘息性の咳や気管支炎に有効です。またアネトールはエストロゲン類似作用があり，PMS（月経前症候群）などの症状緩和にも有効です。アネトールは覚醒剤のパラメトキシアンフェタミンの前駆体としても重要です。γ-ヒマカレンには鬱積除去作用が認められるので，花粉症の鼻閉や副鼻腔炎にも効果が期待できます。

2．カモミール・ジャーマン（*Matricaria recutita*）

原産地：エジプト
主要成分：酸化ビサボロール，カマズレン，α-ファルネッセン，β-ビサボロール，アピゲニン，クエルセチン，ルテオリン，クマリン

解説：通常，胃痛，過敏性腸症候群あるいは弱い睡眠導入剤として用いられますが，その抗炎症作用と鎮静作用はアレルギーの諸症状緩和にも有効です。ハーブティーとして飲用する場合には，小さじ2杯の乾燥花部を1カップのお湯で10分程度浸出させます。この際，揮発性の

有効成分が拡散してしまわないよう必ず蓋をします．一方，カモミールはブタクサと近縁ですので，ブタクサの花粉アレルギーとは交叉反応を示す可能性が否定できません．

3．タナセタム（*Tanacetum annuum*）

原産地：北アフリカ
主要成分：アズレン（カマズレン），サビネン，β-ミルセン，β-ピネン，パラシメン
解説：アズレンなどの抗炎症性成分を含有します．したがって，アレルギー反応に伴う搔痒や炎症を抑制し，鎮静作用によってアレルギー症状で疲れた心を癒します．アレルギーによる喘息症状では，その原因が花粉やハウスダストなどの吸入性の場合でも，経口摂取した食品によるものでも，タナセタムとその抽出物は神経系を鎮静することに加え，気管支平滑筋を弛緩して気道を拡張します．精油（エッセンシャルオイル）は抗炎症作用の主体であるアズレンを含有するため，青色を呈します．

4．ネトル（*Urtica thunbergiana*）

原産地：中国，日本
主要成分：ヒスタミン，セロトニン，クロロフィル，β-シトステロール，スコポレチン，ケルセチン，ケンフェロール，ルチン
解説：「蕁麻（じんま）」の生薬名で，関節炎や利尿剤に加え，花粉症などアレルギー疾患の治療にも用いられます．アメリカで行われたアレルギー性鼻炎患者69名を対象とした二重盲検試験において，イラクサ地上部の凍結乾燥エキス300 mgを含むカプセルがアレルギー性鼻炎の諸症状に対して統計学的に有為な効果を示しました．一方，全草に繊毛があり，直接触れると疼痛を伴い，皮膚が赤く腫れるなどのアレルギー様症状を呈します．この症状は，ネトル成分に対するアレルギー反応ではなく，炎症性物質（インドール誘導体のセロトニンやヒスタミン）が繊毛を介して皮膚に注入され

ることによります。これらの炎症性物質は煮沸、水洗によって除去されるため、食用に問題はなく、東北地方では山菜として珍重されています。和名は「イラクサ」

5. ヒソップ（*Hyssopus officinalis*）

原産地：東地中海沿岸，中央アジア
主要成分：ピノカンフォン，イソピノカンフォン，β-ピネン
解説：粘液溶解性や去痰作用に優れるケトン類を多く含みます。アレルギー性の鼻炎に伴う鼻閉，副鼻腔炎に使用して鼻汁の排泄効果が期待できます。ケトン類には去痰作用も認められるため，喘息やカタル性の上気道疾患の症状緩和にも有効です。古代ギリシアの医師・植物学者であるPedanius Dioscoridesも喘息の治療にヒソップを用いた記録があります。一方，ケトン類，特にピノカンフォンには神経毒性が認められるため，大量を継続使用することはできません。

6. ペパーミント（*Mentha x piperita* L.）

原産地：ヨーロッパ
主要成分：l-メントール，l-メントン，1,8-シネオール，酢酸メンチル，リモネン，β-カリオフィレン，メントフラン
解説：ペパーミントオイルの主成分であるl-メントールには，抗炎症作用や抗アレルギー作用があります。ペパーミントオイルを皮膚に塗布すると，爽やかな冷感を生じますが，この際，塗布部の皮膚温度に変化はありません。冷たく感じるのは，皮膚にあるTRP-M_8と呼ばれる受容体（レセプター）を介して脳へ刺激が伝達されるためです。この冷感刺激は，アレルギー反応に伴う掻痒感や不快感の緩和に極めて有効です。鼻腔を含む上気道のうっ血や不快感など，アレルギー反応の代表的諸症状

の緩和に広く用いられています。和名は「セイヨウハッカ」

7．マジョラム（*Origanum majorana*）

原産地：地中海沿岸，北アフリカ，エジプト
主要成分：γ-テルピネン，α-テルピネン，サビネン，シスーツヤノール，テルピネン-4-オル
解説：主成分であるテルピネン-4-オルには，自律神経系の強壮作用があるとされていますので，自律神経系の失調を主訴とするアレルギー性疾患の症状緩和に有効と考えられます。また，テルピネン-4-オルの抗炎症作用や鎮痙攣作用は，喘息発作などのアレルギー性呼吸器症状の緩和に有益と考えられます。成分のα-テルピネンにはうっ血除去作用がありますので，鼻閉，湿性咳などのアレルギー症状への有効性も期待できます。

8．ヤロウ（*Achillea millefolium*）

原産地：ヨーロッパ，西アジア
主要成分：カンファー，β-ツヨン，アズレン（カマズレン），ボルネオール，パラシメン

解説：ヨーロッパ原産ですが，耐寒性があり，北米大陸にも自生します。カマズレンなどのアズレン誘導体には，抗アレルギー作用や抗ヒスタミン作用があり，アレルギー性疾患の症状緩和作用が期待できます。学名の*Achillea*は，ギリシャの英雄Achillesがトロイ戦争の際，傷の手当てに用いたことにちなみ，古代から止血薬や抗炎症薬として重要な存在でした。現在でも，外用では収斂剤，消毒剤，傷薬，抗炎症剤，鎮痛剤などとして，内用では発汗剤，去痰剤，苦味健胃剤，鎮痙剤，鎮痛剤，抗菌剤などとして用いられています。主成分としては，アルカロイドで止血作用を示すアキレイン，アピゲニン，アズレンなどの抗炎症物質，カンファー，クマリン，ルチン，ツヨンなどが知られています。一方，ヤロウに対するアレルギー反応も知られていて，接触によって発疹を生じる人もいます。和名は「セイヨウノコギリソウ」

9. ユーカリ・ラディアータ（*Eucalyptus radiata*）

原産地：オーストラリア
主要成分：1,8-シネオール，リモネン，α-テルピネオール，酢酸テルピニル，α-ピネン
解説：ユーカリの優れた薬理特性はオーストラリア原住民によって古くから利用されてきました。ユーカリには非常に多くの種類がありますが，このユーカリ・ラディアータは，最も刺激性が弱く，子どもから高齢者まで広く用いることが可能です。成分のα-テルピネオールには，抗アレルギー作用や抗喘息作用があるとされています。主成分である1,8-シネオールには，固有の抗炎症作用があり，上気道や皮膚のアレルギー症状を緩和します。花粉症やアレルギー性鼻炎の急性症状で，鼻水が止まらない場合には，綿球にユーカリ・ラディアータの精油を1滴しみ込ませ，鼻孔に挿入することで即効性の作用が得られます。

アレルギー症状を誘発，悪化させる可能性のあるハーブ

1. ビターオレンジ（*Citrus aurantium*）

原産地：ベトナム
主要成分：d-リモネン（果皮），リナリルアセテート，リナロール，α-テルピネオール，ゲラニオール
解説：果実の果皮を圧搾して得られる精油（ビターオレンジ）と枝葉を蒸留して得られるプチグレンの2種が存在します。前者はd-リモネンを圧倒的な主成分（95％以上）とする圧搾オイルです。d-リモネンは大多数が「よい香り」として受け入れる柑橘系の香りを提供しますが，アセチルコリンエスレラーゼに対する抑制作用があるとされています。アセチルコリンエスレラー

ゼとは副交感神経の伝達物質を分解する酵素で，その活性阻害は副交感神経の興奮を介し，一般的にはアレルギー症状を悪化させます。また圧搾オイルには，覚醒剤関連物質のN-メチルチラミンやエフェドリン様作用を示すオクトパミンやシネフリンが含まれています。副作用事故のためエフェドラの使用が禁止されてからは，食欲抑制や減量を目的にビターオレンジが使用されていますが，エフェドラ同様の副作用が報告されています。一方，蒸留オイルのプチグレンの主成分は酢酸リナリルやリナロールなどで，鎮静作用に優れているので，アレルギー症状によるイライラや不眠，抑鬱症状に効果的と考えられます。和名は「ダイダイ」

2．マンダリン（*Citrus reticulata*）

原産地：インド
主要成分：*d*-リモネン，γ-テルピネン，オクタノール，デカナール，アントラニル酸ジメチル
解説：圧搾オイルの主要成分である*d*-リモネンには，鎮静作用や去痰作用が認められ，種々のアレルギー症状の緩和が期待できますが，一方

で，ビターオレンジの項でも述べたように，副交感神経の興奮を介してアレルギー症状を悪化させる可能性もあります。枝葉の水蒸気蒸留によって得られるプチグレンマンダリンには，抗不安作用を示すアントラニル酸ジメチルが含まれていますので，アレルギー症状に伴うイライラや抑鬱症状に有用です。

5.2 うつ病

　児童期を含むすべての年代に発症し，加齢に伴い発症率が上昇します（有病率は児童期で1,000人当たり1～25人，青年期では7～45人）。症状の軽重はさまざまで，あまり生活に支障をきたさないような軽症例から，自殺企図など生命にかかわるような重症例まで存在し，反復症例では20年間の経過観察で自殺率が10％程度とされています。男女比は，男性より女性のほうが2倍ほど多く，米国では男性の10人に1人，女性の5人に1人がうつ病を経験するとのデータがあります。最近では，日本でも発症の低年齢化や患者数の増加が問題となっています。うつ病の治療は，従来から用いられてきた三環系や四環系の抗うつ薬に加え，副作用の軽い選択的セロトニン再取り込み阻害薬（SSRI）やセロトニン・ノルアドレナリン再取り込み阻害薬（SNRI）などの薬剤が開発されましたが，投与開始直後の自殺率増加や作用機序の解明など課題も多く残っています。一方，軽度から中程度の症状に対しては，以前からハーブ類の効用が報告されており，副作用の軽い治療法として注目されています。

うつ病の症状

　うつ状態の症状には「精神症状」と「身体的症状」があります。

精神症状

　①抑うつ的な気分：悲哀，絶望，寂寥，悲観，空虚感など，気分が落ち込み，何をしても嫌な気分が晴れません。②思考，行動の制止：活動性低下，興味の低下，記憶力低下，集中力低下などにより，以前までは楽しみや喜びを感じられた事項に楽しみが感じられず，感情が麻痺します。学校や仕事を休みがちになり，口数が減少します。

身体的症状

　①睡眠障害：約8割に不眠，1割には過眠がみられます。②消化器障害：胃炎，胃潰瘍。③摂食障害：食欲不振による体重減少と，逆に過食による肥満がみられます。④疼痛：頭痛，腰痛など全身のさまざまな部位に痛みを訴えます。病状は慢性的な場合（難治性うつ病）もありますが，病相期と間欠期をくり返す場

合が多く，加齢に伴い病相期の延長と間欠期の短縮がみられることがあります。

うつ病の原因

うつ病の原因は，脳のなかで意欲や活力などを伝達するはたらきをしているセロトニンやノルアドレナリンなどの神経伝達物質のはたらきが悪くなるためと考えられてきました。神経伝達物質の作用抑制メカニズムには，脳内モノアミン（セロトニンとノルアドレナリン）の濃度減少説（モノアミン仮説）と，モノアミン受容体の機能亢進説（機能亢進による，過覚醒や機能停止が起こる）の2つの説がありますが，抗うつ薬の薬理作用などを完全に説明できていません。

近年，うつ病の原因として，大脳辺縁系の海馬の損傷や萎縮が注目されています。過剰なストレスや炎症性物質（サイトカイン）が，うつ病を誘発することが知られていますが，これらにより海馬が損傷し，その再生が抑制されることがうつ病の直接的な原因になるという考え方で，抗うつ薬の薬理作用などをある程度説明することができます。

ところで，海馬はアロマテラピーの作用理論に必ず登場する器官です。鼻粘膜に到達した芳香分子によって惹起される嗅覚神経刺激は，大脳新皮質（理性中枢）を経由することなく，大脳辺縁系に伝達され，海馬などを介して，情動，記憶，自律神経系に作用するというものです。現在のところ，嗅覚神経刺激が海馬の神経細胞新生を促進するという知見は得られていませんが，アロマテラピーの新しい可能性として，うつ病への作用も期待されています。

うつ病の薬物治療

第一世代の抗うつ薬は，化学構造に3つの輪が存在することから「三環系の抗うつ薬」と呼ばれます。三環系の抗うつ薬は，抗うつ作用（気分高揚，鎮静，意欲亢進など）には優れていますが，作用発現に時間がかかること，抗コリン作用（副交感神経抑制に伴う，口渇，便秘，眠気，めまい，食欲不振，動悸など）が強いこと，高用量では心臓毒性が出現することなどが問題でした。これらの副作用などを改善する目的で，第二世代の抗うつ薬が開発され，その多くは化学構造に4つの輪が存在することから「四環系の抗うつ薬」と呼ばれます。その後，脳内モノアミンのなかでもセロトニンやノルアドレナリンなどの脳内モノアミン類の動態に特異的に作用する薬が開発され（第三世代の抗うつ薬），選択的セロト

ニン再吸収阻害薬（SSRI）やセロトニン・ノルアドレナリン再取り込み阻害薬（SNRI）と呼ばれ，現在のうつ病治療の主役となっています。これらの薬剤は，いずれも脳内の神経シナプス間隙におけるモノアミン濃度を上昇させることで，抗うつ作用を示すと考えられてきましたが（モノアミン仮説），モノアミン類の濃度が薬剤投与後，速やかに上昇するのに対して，抗うつ作用の発現には数週間程度の投与が必要なことなど，作用機序仮説が実証されていません。

ハーブの領域では，軽度から中程度のうつ病に対して，古くからセントジョーンズワート（*Hypericum perforatum*）の効果が知られています。セントジョーンズワートの作用は動物実験で証明されていますし，ヒトを対象にした臨床試験も行われています。また，最近ではパチョリ（*Pogostemon cablin*）のアルコール抽出物にも動物実験で抗うつ作用が認められています。

抗うつ作用の測定法（動物モデル）

抗うつ作用の有無は，ネズミ（マウス，ラット）を用いた，比較的簡単な実験で評価することができます。そのひとつ，強制水泳試験（forced swim test）は，現在，最も汎用されている抗うつ作用の評価方法です。ネズミ（マウスかラット）を逃避できない水槽（水温24℃）に入れ，強制的かつ持続的に水泳行動（逃避行動）を行わせると，逃避を諦めた絶望状態に達し，水面上に頭だけだした無動状態になります。この無動状態の長さを測定し，被験物質が無動時間を短縮（抗うつ作用）するかどうかを調べます。強制水泳試験と同様に絶望状態を生じさせ，その時間を測定する試験方法に尾懸垂試験（tail suspension test）があります。ネズミの尾を棒に固定し，逆さ吊りの状態にすると，最初は盛んに暴れて逃避行動をとりますが，やがて諦め無動状態（絶望状態）になります。無動状態で放置すると，一定時間後に再び逃避行動を示すので，この間の無動状態時間を測定します。

現在臨床使用されている抗うつ薬は，これらの動物実験で無動時間を短縮することが確認されていますし，セントジョーンズワートやパチョリの抽出物にも同様の効果が認められます。これらの試験は，あくまでも動物モデルですが，ヒトの場合も，ストレスに耐えて，耐えて，努力し，努力し，最後に絶望に達した状態がうつ病と考えることもできます。

仮面うつ病

　うつ病のなかには，うつ病本来の精神症状が目立たず，内臓系の病気のようにしか見えないものがあります。うつ病でありながら，肉体的症状のみが全面に出てくるために，肉体の不調という「仮面を被ったうつ病」という意味で「仮面うつ病」と呼ばれています。「仮面うつ病」の人が訴える主な症状は，寝つきが悪い，眠りが浅い，目覚めが早いといった睡眠障害や食欲不振，疲労感，全身倦怠，頭痛，肩こり，目のかすみ，慢性的な便秘や下痢などさまざまです。また頭や首，腰を中心に，慢性疼痛のような痛みが出ることもあります。これらは日常的によくみられる，ありふれた症状なので，患者本人はもとより，医師もなかなか正しい診断ができず，確定診断がするまでに時間がかかってしまいます。仮面うつ病を治す最良の方法は休養と薬です。まず十分な休養で心身の疲れをとり，必要な抗うつ薬を服用すれば，予後は良好です。

うつ病に効果が期待されるハーブ

1. セントジョーンズワート（*Hypericum perforatum*）

原産地：ヨーロッパ
主要成分：ハイパフォリン，ヒペリシン
解説：伝統的に，うつ病をはじめ，季節性情緒障害（SAD），注意欠損性過動症（ADHD），不安・不眠症などに使用されてきました。フラボノール誘導体，キサントン類，プロアントシアニジン類，フロログルシノール類，ナフトジアントロン類などの薬理活性物質を含有します。従来，作用の主体はナ

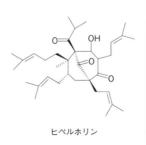

ヒペルホリン

フトジアントロン類のヒペリシンと考えられていましたが，近年の研究の結果，フロログルシノール誘導体のヒペルホリンやアドヒペリフォリンなどが主要な活性物質であることが明らかとなっています。ヒペルホリンおよびアドヒペリフォリンは，神経シナプスにおけるセロトニン，ドパミン，ノルアドレナリンなどのモノアミン類の再取り込み阻害作用を示し，セロトニン受容体である5-HT3や5-HT4などに対しては拮抗的に作用します。またヒペルホリンは，神経伝達物質であるγ-アミノ酪酸やL-グルタミン酸のシナプトソームへの取り込みを阻害します。セントジョーンズワートの抽出物を長期間連用した場合，セロトニン，ノルエピネフリン，ドパミンの再取り込みが阻害され，β-アドレナリンおよびセロトニン受容体（5-HT1と5-HT2）の発現が遺伝子レベルで抑制されることが知られています（ダウンレギュレーション）。和名は「セイヨウオトギリソウ」

2. パチョリ（*Pogostemon cablin*）

原産地：インド
主要成分：パチョロール

解説：経験的にパチョリオイルには精神作用（鎮静作用）が認められています。1960年代から70年代にかけ，ヒッピーやベトナム帰還兵の間でマリファナ（大麻）と併用するなどブームになりました。また，インド古代医術書（アーユルヴェーダ）にも，その神経薬理作用についての記載があります。近年，フルオキセチン（SSRIの一種）を対象に，パチョリのアルコールおよび水抽出物の作用を尾懸垂試験および強制水泳試験（前述）で評価した結果が報告されています。特に強制水泳試験では，フルオキセチン10 mg/kgの経口投与に対して，パチョリのアルコール抽出物（500〜750 mg/kg）が同等以上の効果を示し，尾懸垂試験でも有意差をもって効果が証明されています。

3. カヴァ（*Piper methysticum*）

原産地：メラネシア，ポリネシア

主要成分：カヴァラクトン

解説：主成分であるガヴァラクトンが抗不安作用を示すと考えられています。カプセル剤やチンキ剤が調製

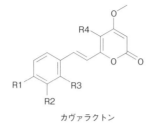

カヴァラクトン

されますが，2001年に年間25件の肝障害症例が報告され，数か国で使用禁止措置がとられました。副作用事例を調査してみると，多くの症例で，他の医薬品との併用やアルコール摂取が認められました。伝統的なカヴァ製剤には，肝臓保護作用を有するグルタチオンが含まれていましたが，近年の製剤では失われています。グルタチオンは，コーカソイド（白色人種）では体内レベルが特に低く，副作用発現頻度との関連が疑われています。

4. カモミール・ジャーマン（*Matricaria recutita*）

原産地：ヨーロッパ，西アジア

主要成分：ルテオリン，アピゲニン

解説：融点が347℃と高く，水蒸気蒸留の精油には含まれませんが，カモミール・ジャーマンの薬理成分として最近注目されている成分にアピゲニンがあります。伝統的にカモミール・ジャーマンには，抗炎症作用とともに鎮静作用があるとされています。この鎮静作用の成分として，カモミール・ジャーマンのアルコール抽出物成分中にフラボノイドの一種アピゲニンが見出されました。種々の動物実験の結果から，このアピゲニンの作用は，代表的な向神経薬のベンゾジアゼピン類とは異なる作用点をもつことが示唆されています。カモミールの成分から新しい抗不安薬や抗うつ薬が誕生するかもしれません。

5.3 風邪, インフルエンザ

 天然痘, ポリオ（小児麻痺）, 日本脳炎, 狂犬病などの致死的ウイルス性感染症に関しては, ワクチンの普及などにより, 日本国内での感染例が途絶えています。しかし, 同じウイルス性の感染症である風邪とインフルエンザに関してはワクチン, 治療薬とも不完全あるいは皆無なのが現状です。一方, 精油を用いたアロマテラピーやハーブ類は, 風邪の諸症状に対して古くから利用されていますが, ウイルス自体に対する作用や予防効果についても解明が進みつつあります。

風邪の原因

 通常の風邪は, コロナウイルス, RSウイルス, ライノウイルス, アデノウイルスなど, 複数のウイルス感染によって引き起こされる, さまざまな症状に対する総称で, 単独の疾患ではありません。消化器症状を呈する場合もありますが, 一般的には上気道（鼻腔と咽頭）の炎症に伴う咳嗽, 咽頭痛, 鼻閉, 鼻汁などのカタル症状（滲出性炎症）と, 頭痛, 発熱などの全身症状が主となります。風邪の原因ウイルスに有効な薬剤はなく, 市販の「風邪薬」も医療機関で処方される薬剤も風邪の諸症状を緩和する対症療法（解熱, 鎮痛, 抗ヒスタミン, 鎮咳, 気管支拡張など）薬です。過去には（一部現在でも）風邪に抗生物質が処方されたこともありましたが, その有効性は科学的に否定されています。一方, 風邪に類似した症状を呈する肺炎（咽頭痛を欠くことが多い）は, その原因の多くが細菌感染で, 肺炎には多くの抗生物質が有効です。

 精油をはじめとするハーブ成分の抗ウイルス作用は, 特定のウイルスに対するものではありませんので, 飛沫感染や接触感染を起こす複数の風邪ウイルスに対して有効です。高齢者などの場合, 風邪をきっかけに全身の健康状態が悪化する場合もありますので, インフルエンザ対策と同様, 居住空間の清浄化に精油の拡散は有効と思われます。

風邪の代表的原因ウイルス

コロナウイルス

　一本鎖のRNAウイルスで，インフルエンザウイルスと同様の赤血球凝集活性をもちます。冬期の鼻風邪の主要ウイルスで，感染後2～4日の潜伏期間を経て，鼻水，鼻閉，くしゃみなどの症状を起こしますが，発熱は軽微です。

　2002年に中国広東省で発生し，翌2003年7月までに全世界で8,000余名が感染，うち774名が死亡した重症急性呼吸器症候群（新型肺炎，Severe Acute Respiratory Syndrome；SARS）の原因ウイルスは，このコロナウイルスの強毒性変異株です。発症は，急激な発熱（38℃以上），咳嗽，呼吸困難などの肺炎症状ではじまり，5人に1人程度が重症化し，その半数は死に至ります。感染経路は，患者の体液，分泌液からの飛沫感染と考えられていますが，同様の感染経路をもつインフルエンザウイルスと比べ，生体外環境下で長時間感染性を維持することが知られています。コロナウイルスは，従来，鼻風邪ウイルスとして軽視され，治療薬の開発研究も行われていないため，有効な薬剤はありません。

　SARSは2003年7月に終息宣言が出され，幸い日本国内での感染は確認されませんでした。しかし，SARSウイルスが地球上から消滅した証拠はなく，免疫を獲得した者もほとんどいません。いつ，何時，何処からか再燃する可能性は否定できません。このようなワクチンも治療薬もない致死的ウイルス疾患の予防には，精油やハーブ類の使用が有効と考えられます。

RSウイルス

　乳児急性気道感染症の主な原因ウイルスです。接触や飛沫を介して気道に感染し，2～5日の潜伏期を経て，発熱，鼻水，咳などを発症します。日本では主に冬期に流行します（通常10～12月にかけて流行がはじまり，3～5月頃まで続く）。乳幼児ではしばしば上気道炎から下気道炎に進展して細気管支炎，肺炎を発症し，入院加療を必要とすることもあります。

ライノウイルス

　酸に弱く（胃酸で不活性化），感染は上気道に限られます。ライノウイルスの「ライノ」はギリシア語の「鼻」で，すなわち，鼻風邪ウイルスの意味です。ライノウイルスには100以上の血清型が確認されていますので，すべての型に対して免疫を獲得するのは不可能です。したがって，毎年，何度でも鼻風邪をひく

ことになります。1～3日の潜伏期間を経て，鼻汁，鼻閉を主な症状にして頭痛，咽頭痛などを伴いますが，通常，発熱は軽微です。冬期に少なく，春と秋に多いのも特徴です。

アデノウイルス

　51種の血清型が知られ，血清型によって気道炎や胃腸炎から結膜炎まで，種々の「風邪症候群」の原因ウイルスになります。1～5型および7型は冬期の気道炎の原因になりますが，3型は夏期の咽頭結膜炎（プール熱）の原因にもなります。やはり夏期に多い流行性結膜炎は，8型，19型，37型などのアデノウイルス感染症です。40型および41型は胃腸炎を引き起こし，下痢，嘔吐，嘔気，腹痛などの症状が現れます。感染経路には気道からの分泌物，鼻汁，涙液などの飛沫・接触感染に加え，糞便中に排泄されたウイルスの経口感染も存在します。

インフルエンザウイルス

　「流行性感冒」とも呼ばれますが，通常の感冒（風邪）とは原因ウイルスも重症度もまったく異なる，ときに致死的な疾患です。有史以来，度々流行が記録されていますが，世界的大流行としては，第一次世界大戦末期の1918年から翌19年にかけて流行したスペイン風邪が有名です。スペイン風邪には約6億人が感染し，その1割弱が死亡したといわれています。潜伏期間は短く，感染後2日程度で，悪寒，発熱，倦怠，筋肉痛などの症状が急速に出現し，咽頭痛，咳，痰などの気道炎症を伴います。重症化すると肺炎や脳炎を発症し，死に至ることも珍しくありません。インフルエンザウイルスにはA型，B型，C型の3種が知られていますが，B型，C型のウイルス抗原は安定しており，1回罹患すると免疫が長く有効であるのに対し，A型のインフルエンザはウイルス表面にある2種のタンパク質（ヘマグルチニン（HA）とノイラミニダーゼ（NA））の変異が大きく，くり返し感染・発病します。現在までにヘマグルチニン（HA）が16種類，ノイラミニダーゼ（NA）が9種類確認されています（したがって，理論的には16×9＝144種の亜種が存在します）。インフルエンザの種類を表すのにH1N1とかH5N1などと表示されるのは，このヘマグルチニンの「H」とノイラミニダーゼの「N」の組み合わせを示しています。過去に世界的流行を起こした亜型としては，スペイン風邪（1918～1919年）がH1N1型，アジア風邪（1957年）がH2N2型，香港風邪（1968年）がH3N2型，ソ連風邪（1977年）が再びH1N1型でした。2009年，メキシコからはじまった新型インフルエンザもH1N1型で

したが，同時期にヒト型への変異が懸念されている強毒性トリ型インフルエンザウイルスはH5N1型といわれています。

〈インフルエンザウイルスの感染経路と感染予防〉

インフルエンザウイルスは患者の体液が直接，あるいは手などを介して目，口，鼻などの粘膜に接触することで感染します。また，患者が空気中に放出した体液飛沫を吸い込むことでも感染が成立します（飛沫感染）。前者の経路は，患者との濃密な接触を回避することで防止できますが，後者の飛沫感染の対応には難しい面があります。インフルエンザウイルスはRNAを遺伝子にもつRNAウイルスですので，RNA分解酵素が存在する皮膚表面などでは短時間で失活します。一方，空気中を漂う飛沫中のウイルスは，湿度が低く，紫外線の弱い冬期の条件下では，感染力を比較的長時間保持するといわれています。このような飛沫感染源の存在する場所，とりわけ不特定多数が集まる公共の場や，患者と近接せざるをえない病室，待合室などでの空間処置には抗ウイルス作用のある精油の噴霧・拡散が有効です。精油の抗ウイルス作用は非特異的ですので，医薬品のようにウイルスの型によって効果がなくなることも，また耐性ウイルスの発現もありません。また精油の芳香によって，混雑して，ときに苛立たしい空間環境を新鮮で快適なものに変える効果もあります。

風邪・インフルエンザウイルスの感染予防に有用なハーブと精油

1. カユプテ（*Melaleuca leucadendron*）

原産地：オーストラリア東部からパプアニューギニア

主要成分：1,8-シネオール

解説：ティーツリー，ニアウリ，ユーカリなどと同じフトモモ科の植物で，ニアウリとは近縁になります。カユプテの語源はマレー語kayu-putihで「白い木」を意味します。

抗ウイルス作用がある1,8-シネオールを大量に含有（60〜75％）し，特に呼吸器系の感染症に防止効果があります。風邪の諸症状やインフルエンザ，ウイルス感染症に有効とされます。

2. ユーカリ・グロブルス（*Eucalyptus globulus*）

原産地：オーストラリア
主要成分：1,8-シネオール
解説：ときに樹高50mを超える巨木で，「タスマニア・ブルーガム」とも呼ばれています。ブルーガムの名は灰青色で蝋様の花から，グロブルスはラテン語で「小さなボタン」を意味し，花を被う蘚蓋(せんがい)の形状に由来します。葉を水蒸気蒸留することで得られる精油は，殺菌，殺虫，抗ウイルス作用などに優れた1,8-シネオールを豊富に含みます。ユーカリの仲間（ユーカリ・グロブルス，ユーカリ・ヴィミナリスなど）には共通して1,8-シネオールが豊富で，別名「ユーカリプトール」とも呼ばれています。

3. ローレル（*Laurus nobilis*）

原産地：地中海沿岸
主要成分：1,8-シネオール，コスチュノリド

解説：クスノキ科の常緑高木になります。ギリシア神話においては，Apollne(アポローン)の愛した娘Daphne(ダフネ)の化身，聖樹として登場し，その冠は勝者と栄光のシンボルです。日本では「月桂樹(ゲッケイジュ)」「ローリエ」とも呼ばれ，葉は香辛料として用いられています。このローレルは，古くからリウマチ，神経痛などへの鎮痛作用，食欲増進作用などが知られ，近年では血管拡張作用の報告もあります。抗ウイルス作用にも優れ，インフルエンザや風邪などの呼吸器系ウイルス感染症に有効とされます。世界を震撼させた新型肺炎（SARS(サーズ)）は，通常の風邪ウイルス（コロナウイルス）が変異したものでしたが，このSARSに対してもローレルの精油が有効でした。

4．ラベンサラ（*Ravensara aromatica*）

原産地：マダガスカル
主要成分：1,8-シネオール，サビネン，テルピネオール
解説：シナモンやローレルと同じクスノキ科の植物です。中国産のクスノキ（*Cinnamomum camphora*）と同じ植物ですが，マダガスカル産は成分が大きく異なるため，「ラベンサラ（*Ravensara aromatica*）」と呼ばれています。抗ウイルス作用を示すモノテルペンアルコール類やモノテルペン炭化水素類を豊富に含みます。広範な抗ウイルス作用をもちますが，風邪やインフルエンザなどの呼吸器系のウイルス感染症に対して精油を吸引や室内拡散で用いると特に有効です。

免疫系に作用するハーブ

　風邪予防の第一は体調管理といわれます。十分な水分補給，過不足のない食事，十分な睡眠，精神の安定などが求められますが，これらはすべて免疫力（ウイルスに対する抵抗力）の向上と維持にかかわります。ヒトの免疫系は，血液中の抗体が関与する液性免疫と，主にリンパ球が担う細胞性免疫から成り立っていて，両者のバランスが重要と考えられています。医薬品投与による治療は，液性と細胞性のどちらか一方に対して強力な作用を示しますが，免疫系のバランス調節は不得意な領域です。ある種のハーブには経験的に体の抵抗力を増強する作用が知られていますが，その作用は免疫系のバランス調整にあると考えられます。

1．エキナセア（*Echinacea purpurea*）

原産地：北米
主要成分：シコリック酸，多糖類
解説：キク科の多年草で，近年，免疫系への賦活作用が注目されているハーブの代表格です。北米原住民は古くから種々の感染症に対する予防や治療に本品を使

用していました。エキナセアの有効成分には，シコリック酸のようなポリフェノール類，β-グルカンなどの多糖類やフラボノイド類などが含まれています。シコリック酸には，白血球の食作用を亢進させる作用や，エイズウイルス遺伝子のヒト細胞への組み込みを阻害する作用などが報告されています。

2. カワラタケ（*Trametes versicolor*）

原産地：中国，日本
主要成分：多糖類
解説：サルノコシカケ科に属する身近なキノコで，公園の古い切り株などにみられます。サルノコシカケ科のキノコには有用な種が多く存在します。本品は漢方で「雲芝（れいし）」と呼ばれ，特に薬効が高いとされています。

β-グルカンと呼ばれる多糖類に加え，エルゴステロール，有機ゲルマニウム，マンニトールなどを含みますが，主に免疫系に作用するのはβ-グルカン類（糖類が複数β結合した高分子）と考えられています。カワラタケの特定株からは，タンパク質と結合したβ-グルカンが得られ，NK（ナチュラルキラー）細胞の活性化，インターフェロン等の産生増強などの作用を有することから，クレスチン（PSK）などの商標で医薬品として販売されています。

　カワラタケと同様，シイタケ（*Lentinula edodes*）からはレンチナン，スエヒロタケ（*Schizophyllum commune*）からはソニフィランが医薬品として商品化されています。また，マンネンタケ科の霊芝（*Ganoderma lucidum*）は，古くから命を養う延命の霊薬として漢方・東洋医学で多く用いられています。これらの効能を裏付けるさまざまな基礎研究も世界で行われ，抗がん作用，免疫賦活作用などが示唆されています。

3. 冬虫夏草（*Cordyceps sinensis*）

原産地：チベット，ヒマラヤ
主要成分：コルジセピン
解説：セミやガなどは昆虫のなかでも地中で長い幼虫期を過ごします。これらの幼虫に感染する真菌類が冬虫夏草（*Cordyceps*）属で，幼虫の養分を吸収して子実体（キノコ）を形成します。冬虫夏草属のなかでも，ヒマラヤやチベットなどの標高3,000 m以上の高地に生息する蝙蝠蛾（*Hepialus armoricanus*）の幼虫に寄生して子実体を形成したものを「冬虫夏草」と呼び，古くから不老長寿，滋養強壮の秘薬として珍重されてきました。20世紀後半には，冬虫夏草から各種の活性成分が相次いで発見されましたが，なかでも核酸誘導体の一種コルジセピンには，RNA合成阻害作用や抗腫瘍活性が報告され，免疫調節作用への関与が示唆されています。

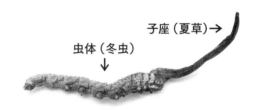

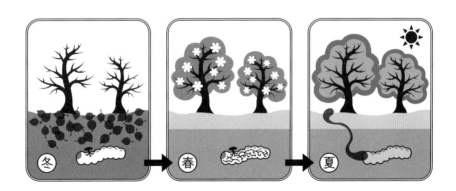

図5.1 冬虫夏草の成長サイクル
冬に土のなかにいる昆虫の幼虫に冬虫夏草属の真菌類が寄生し，その養分を吸収して成長。夏になると発芽し，棒状の子実体（キノコ）が生える。

5.4 不眠症

　不眠症や睡眠障害は，現代病のひとつとして多くの人々を悩ませていますが，そもそも「睡眠とは何か？」という問いに対して，現代科学においても完全な答えが得られていません。近年，脳科学の発展は，ヒトを含む高等哺乳類が，その進化の過程で高度な情報処理と生体機能調節のための機能を脳に集約し，その専門器官として発達させてきたことを明らかにしています。しかし，脳はコンピュータなどの電子機器のように，24時間同じレベルの機能・活動を維持・継続することはできません。睡眠は脳を高度に発達させたヒトなどの動物に休息を与え，その機能レベルを維持するために必須な生理作用といえます。睡眠類似行動は，昆虫などの無脊椎動物にも観察されますが，極度に発達した大脳とその情報処理機能を有するヒトでは，睡眠による大脳能力の保持と調整が日々の生活はもとより，心身の健康維持に欠かすことができません。

　一方，現代社会は，睡眠という重要な生理機能リズムを慢性的に阻害，犠牲にすることを日々強制する生活様式をとっています。根本的な生理作用である睡眠の日常的阻害や障害は，必然的に心身の不調を招きますが，ハーブ医薬の適切な応用は，これらの問題軽減や解決に資するところが大きいと思われます。

レム睡眠とノンレム睡眠

　ヒトなど高等哺乳類の睡眠には，「レム睡眠」と「ノンレム睡眠」が存在することが知られています。レム睡眠は，元来，古いタイプの睡眠で，大脳の発達が未熟だった変温動物（脊椎動物では爬虫類，両生類，魚類など）が，身体を休息させるために獲得した睡眠型と考えられています。大脳皮質が未発達な場合，骨格筋の緊張を低下させること（レム睡眠）で体温を低下させ，消費エネルギーを節約することができました。しかし，大きな大脳皮質をもつ恒温動物（鳥類と哺乳類）では，骨格筋弛緩だけでは体温は低下しません。そこで最大のエネルギー消費器官である脳の活動レベルを低下させることが必要になりました。こうしたことから登場したのがノンレム睡眠です。大脳に休息を与え，その機能を回復させる眠りと考えられています。

　このレム睡眠とノンレム睡眠は，大脳皮質が特別に大きく発達したヒトにおいては高度に分化し，これら２種類の睡眠様式が組み合わされることで脳を含む身

体の機能が恒常的に維持されています。

現代社会と睡眠

　家庭や職場に束縛されない高等哺乳類（イヌ，ネコ，ウマなど）は，一日のなかで複数回の睡眠と覚醒をくり返す多相性睡眠を行っています。一方，日本人の成人の一日は，朝起床すると日中は継続的かつ勤勉に活動し，夜間に睡眠をとる生活で，職場や学校での昼寝や居眠りは，日本では怠慢行為として文化的に容認されていません。さらに電気照明の発達は，都市部における深夜営業，24時間営業を日常化させ，その種の業種に従事する人々に夜間勤務や変則的な交代勤務を強いています。このように，社会的合理性や文化的拘束が生理的な睡眠要求に優先された結果，生体リズム（サーカディアンリズムなど）が撹乱され，睡眠・覚醒のリズム失調に伴う睡眠障害をはじめ，メラトニンや副腎皮質ホルモン分泌，免疫機能，心肺機能などに多くの変調をきたしています。

　これに対し，ハーブ類による嗅覚刺激の主たる作用点と考えられている大脳辺縁系は，古い脳に属し，情動，記憶機能に加え，ノンレム睡眠の制御中枢でもある視床下部に影響を与えると考えられています。ハーブ医薬のもつホリスティックな力は，現代社会が抱える睡眠問題に対しても，その有用性が期待されます。

主観的な睡眠障害評価方法

　ピッツバーグ睡眠質問票（Pittsburgh Sleep Quality Index；通称PSQI）は，ピッツバーグ大学精神科学のKupfer教授らによって開発された自記式質問票で，睡眠に関する標準化された18項目の質問から構成されています。この18の質問項目は，過去1か月間における睡眠に関して，①睡眠の質，②入眠時刻，③睡眠時間，④睡眠効率，⑤睡眠困難，⑥睡眠剤の使用，⑦日中覚醒困難の七構成要素に分類され，これら各構成要素を0〜3点の四段階で評価し，総合得点（0〜21点）を算出しますが，総合得点が高いほど睡眠が悪いと評価されます。PSQIで評価するのは自覚的睡眠障害（disturbed sleep）で，疾患としての睡眠障害（sleep disorder）の直接診断はできませんが，PSQIの結果と睡眠障害（sleep disorder）診断との間に強い相関関係が存在することが示されています。特にPSQI総合得点5.5点（5点と6点の間）と睡眠障害の診断基準が高い割合で一致するとされています。

睡眠障害の動物モデル

睡眠作用の評価を目的に，種々の睡眠障害の実験動物モデルが考案されています。近年，水面上1cmの高さに置かれた2cm間隔のステンレス製グリッド上でラットを飼育することで，ラットを睡眠障害状態にし，実験に先立って外科的手術によって脳内に埋め込んだ電極を介して脳波を継続的に測定する評価法が考案されています。ヒトに有効な薬物や治療法（アロマテラピー効果の評価も含む）の開発には，このような実験動物モデルの考案が有効ですが，動物愛護の観点からは問題がありそうです。

睡眠問題に有効性が期待されるハーブ

1. ラベンダー（*Lavandula angustifolia*）

原産地：北米
主要成分：リナロール，酢酸リナリル
解説：経験的に不眠症に対するラベンダーの有効性が認められています。アロマテラピーではラベンダーオイルを鎮静，鎮痛，創傷治療などに用います。これらの効果はオイルの主成分であるリナロールと酢酸リナリルの作用と一致します。最近，ラベンダーオイルの効果について軽度の不眠症患者（試験開始時PSQI＞5.0）を対象にした試験結果が報告されています。この

試験では，男女5名ずつ計10名の成人ボランティアを無作為に割り当てた2グループにし，ラベンダー精油と対照のスイートアーモンド精油を拡散器を使用して吸引させます。試験は単盲検クスオーバーで行われ，ピッツバーグ睡眠質問票（PSQI，前述）を用いて評価されています。その結果，ラベンダー精油を吸引させたグループではPSQIで2.5ポイントの改善が有意差（$p=0.07$）をもって示されました。また，この改善効果は，若い女性でより顕著に観察されています。

2. カモミール・ジャーマン（*Matricaria recutita*）

原産地：エジプト
主要成分：酸化ビサボロール，カマズレン，α-ファルネッセン，β-ビサボロール，アピゲニン，クエルセチン，ルテオリン，クマリン

解説：紀元前数千年から薬草として利用されてきたとされる，人類最古の薬草のひとつです。歴史的には健胃薬，抗炎症薬，婦人病薬などとして長く用いられてきましたが，現在ではリラックス作用や安眠作用が注目されています。花の水蒸気蒸留で得られる精油はカマズレンを含有するため，精油としては珍しく青色を呈します。ハーブ医薬の分野では，この精油を抗炎症，鎮痙攣，鎮掻痒，鎮静などの目的で使用しています。

　カモミールティーの安眠作用については，入院患者に対する睡眠導入作用が報告されています。また動物実験では，バルビツール酸系睡眠剤の作用をマモマイル抽出物が増強することがマウスで示されています。近年では，前述の睡眠障害モデルのラットを用いて，カモミール抽出物（300 mg/kg）が睡眠導入時間を短縮すること，その作用がフルマゼニル（ベンゾジアゼピン受容体拮抗物質）によって阻害されることが示されています。ベンゾジアゼピン系の薬物は，現在一般的に使用されている代表的な睡眠薬ですが，カモミールの成分には，このベンゾジアゼピン類と同じ作用点をもつものが存在すると思われます。

3. ボダイジュ（*Tilia. cordata* × *T. platyphyllos*）

原産地：ヨーロッパ
主要成分：フラボノイド配糖体，サポニン
解説：釈迦が悟りを開いたとされる菩提樹（クワ科，*Ficus religiosa*）に葉の形が似ていることから「セイヨウボダイジュ」あるいは単に「ボダイジュ」と呼ばれています。英名はLindenです。ヨーロッパでは自由の象徴とされ，ベルリンのウンター・デン・リンデン大通りの両側に街路樹として植えられているのが有名です。また，Schubert作曲，Müller作詞の歌曲『菩提樹』も，この樹のことをうたっています。そのハーブティー（花）には，鎮静作用，安眠作用が知られ

ており,「グッドナイトティー」とも呼ばれています。また,落ち着きのない子どもや,寝付きの悪い子どもに与えることもあります。ハーブティーとマドレーヌのにおいが過去の記憶を呼び覚ます場面で有名な Marcel Proust（マルセル プルースト）の長編小説『失われた過去を求めて』で,神経過敏な主人公（幼年時代）に与えられたのはボダイジュのハーブティーとされています。

花

4．ヴァレリアン（*Valeriana officinalis*）

原産地：ヨーロッパ
主要成分：吉草酸，バレポトリエイト
解説：「セイヨウカノコソウ」とも呼ばれている，オミナエシ科の多年草です。その根のハーブティーが示す鎮静作用，催眠作用は，古くローマ時代より知られ，多くの薬理学的な検討の結果，ドイツ，フランスなどでは，不眠症などに対する医薬品として薬局方に収載されるようになりました。日本では，サプリメントとして扱われ（したがって薬効表示はできない），簡単に購入できますが，確かな生理作用を有するため，その使用には注意が必要です。

5. パッションフラワー（*Passiflora caerulea*）

原産地：南米
主要成分：フラボノイド
解説：原産は南米の熱帯地方ですが，現在では世界中で栽培されています。その果実や果汁はパッションフルーツとして流通し，重要な農産物となっています。日本では「トケイソウ（時計草）」とも呼ばれ，主に

花の鑑賞を目的に多くの品種が存在します。開花後の地上部全草を乾燥させたハーブはティー（煎剤）として神経系をリラックスさせ，習慣性とならない鎮静作用があり，不安や緊張の解消，不眠症に有効とされています。なお，パッションフラワーの「パッション＝passion」は「情熱」ではなく，その花の形状から「イエスの受難」を表しているといわれています。

5.5 更年期障害

　更年期は哺乳類のなかでも，ヒトをはじめとしてゾウ，クジラなど限られた種にのみ存在する現象と考えられています。これらの哺乳類では高齢の雌（女性）が，自分が出産した幼獣（幼児）以外の世話をする習性があり，生殖能力を失った後も雌（女性）としての社会的役割が存続することが共通点とされています。そのほかの野生動物はもちろん，飼い犬の場合も老齢まで月経に相当する生理現象があります。更年期の存在は人間の社会性に根ざしていて，その症状や背景は複雑です。医学・生理学的には，エストロゲン分泌量の低下に伴う体内ホルモン濃度のインバランスが原因とされますが，エストロゲン補充療法にもさまざまな問題が指摘されています。更年期障害は，社会的な側面をも含めて，よりホリスティックな検討が必要で，リフレクソロジーやアロマテラピーなどの有用性が実感される場でもあります。

エストロゲンの作用

　エストロゲンとは卵巣から分泌される卵胞ホルモンの一般名で，エストロン，エストラジオール，エストリオールの３種があります。エストロゲンは図のようなステロイド骨格を有するホルモンで，脳，心臓，骨，乳房，血管などさまざまな組織の細胞内に存在するエストロゲン受容体に結合して複合体を形成し，この複合体がRNAから特定タンパク質への転写を活性化すると考えられています。エストロゲンの作用点は全身に分布していて，その全容はいまだに解明されていません。エストロゲン作用として，すでに知られているものとしては，排卵制御，乳腺細胞の増殖，身長増進抑制，動脈硬化抑制，心筋保護などがあります。

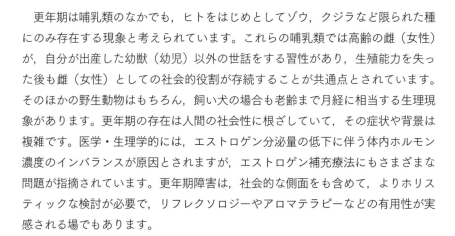

エストラジオール

　心臓血管系の疾患（脳梗塞，脳内出血や心筋梗塞）は，更年期前の年代では，男性に比べ女性の罹患率が圧倒的に低くなっていますが，更年期以降，エストロゲンの分泌減少に伴い，女性も心臓血管系の疾患が多くなります。骨粗鬆症の発生もエストロゲン濃度に深くかかわっています。エストロゲンには骨代謝において破骨細胞が骨を分解する速度を調整して骨量を維持するはたらきがあ

りますが，更年期以降は破骨細胞の活性が亢進して骨密度が低下します。男性にも骨粗鬆症は発生しますが，更年期以降の女性と同年齢の男性を比べると，女性ホルモンであるエストロゲン濃度が男性のほうが2〜3倍も高いことから，骨粗鬆症は圧倒的に女性患者が多くなっています。

エストロゲン（ホルモン）補充療法

頻脈，動悸，ほてり・のぼせ，多汗，めまい，耳鳴り，肩こり，不眠，疲労感，口渇，息切れ，腰痛，しびれ，知覚過敏などに加え，情緒不安定，不安，イライラ，抑鬱などの精神症状に対し，臨床的にはエストロゲンの一種であるエストラジオール（前図）の投与が行われています。エストロゲンを体外から補充すると，上記の自覚症状は劇的に改善され，骨粗鬆症の発症も抑制されることが証明されています。一方，エストロゲンを単独で投与した場合，子宮体がん（子宮内膜がん）の発生頻度が上昇するため，プロゲステロン（下図）などの黄体ホルモン（プロゲスチン）を併用する治療が行われています（子宮摘出者に対してはエストロゲンの単独投与）。黄体ホルモンの併用により，エストロゲン投与に伴う子宮体がんの発生は抑制されますが，乳がんの発生頻度はわずかながら上昇すると考えられています。乳がんはもともと人口（女性）10万人当たりの発生率が子宮体がんより約8倍も高く，プロゲスチン投与による乳がんの発がんリスクに関しては慎重な検討が求められます。

更年期以降の女性のQOL（quality of life：生活の質）に大きく影響する骨粗鬆症の進行は，エストロゲン補充中は抑制されますが，停止以降は骨密度維持のため，運動とカルシウムおよびビタミンDの摂取などに注意が必要になります。

プロゲステロン

エストロゲン様作用

植物成分のなかには，エストロゲンと類似した生理作用（エストロゲン様作用）を示す物質の存在が知られています。健康食品として注目されているイソフラボン類がその代表で，弱いエストロゲン作用から更年期障害の改善に効果があるとされています。イソフラボン類は，1分子中に複数のフェノール性水酸基を

有する，いわゆるポリフェノール類の一種で，ポリフェノールとしての抗酸化作用に加え，エストロゲン受容体に結合してエストロゲン様作用を示します。最も一般的なイソフラボン類の摂取源は大豆およびその製品で，ゲニステインやダイゼインなどのイソフラボン類が含まれています

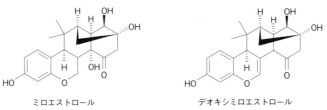

ゲニステイン　　　　　　　　ダイゼイン

　大豆と同じマメ科植物で，タイ北部やミャンマーの山岳地帯に自生するプエラリア（*Pueraria mirifica*）の根茎には，ミロエストロールやデオキシミロエステロールなど，イソフラボン類よりエストロゲン様作用が強い成分が含まれ，更年期障害をはじめ，特に美肌作用が注目されています。下図に構造式を示しますが，平面的描写でもエストラジオール（前図）やプロゲステロン（前図）との類似性が感じられます。また一方では，これら強力なエストロゲン様作用成分の過剰摂取に対しては，副作用としての発がんや甲状腺障害の危険性も指摘されています。

ミロエストロール　　　　　　デオキシミロエストロール

更年期症状とハーブ

エストロゲン様作用が指摘されている精油とその成分

1. アネトール（Anethole）

解説：古代ギリシア時代から，母乳の分泌促進も目的に使用され，エストロゲン様作用の存在が示唆されてきました。近年，複数の*Pimpinella*由来の精油および，その主成分のエストロゲン様作用を，遺伝子組換え酵母を用いたYES法（Yeast Estrogen Screening assay）で評価した研究結果が報告されています。この検討では，*Pimpinella anisum*種子の精油の主成分（80〜95％）である（E)-アネ

トールに明らかなエストロゲン様作用が見出されましたが，(E)-アネトールを含有しないオイルもエストロゲン様作用を示し，アニス類のホルモン様作用には(E)-アネトール以外の成分関与も存在すると考えられています。

(E)-アネトール

2．シトラール (Citral)

解説：モノテルペンアルデヒドであるゲラニアールとネラールの混合物であるシトラールは，精油の多くに見出されますが，シトラールのエストロゲン様作用についても複数の報告が存在します。雄ラットの前立腺肥大症モデルや卵巣を摘出した雌ラットに対し，シトラールを経皮膚的に投与したところ，エストロゲン様作用が認められたとする報告があります。また，雄ラットの腹腔内にシトラールを投与したところ，精巣，副睾丸，前立腺の重量が減少し，血中テストステロン濃度が低下したとする報告もあります。(E)-アネトールを含め，シトラールやその関連物質ゲラニオールとネロールなどのエストロゲン様作用について，複数の評価系による検討も行われています。結果は前述のYES法やエストロゲン受容体に対する競合的結合性などでは，いずれの化合物にもエストロゲン様作用が確認されたものの，ヒト培養細胞（Ishikawa Var.I）への作用は認められず，作用・効果の確認には至っていません。

ゲラニアール　　　　ネラール

更年期症状に対するハーブ類の対症的利用

　個別成分に関してホルモン様作用の有無を検証する努力の一方で，ハーブの有する多用な作用をホリスティックな観点から利用することも大切です。感情の起伏が激しく，精神が不安定な状況には，ラベンダー，ネロリ，カモミール・ローマン，マジョラムなどが，疲労感が強い場合には，ローズウッド，ゼラニウム，ベルガモット，抑鬱状態にはジャスミン，セントジョーンズワート，クラリセージなどの有用性が指摘されています。学術的な検討結果も参考に加えながら，個々のクライアントの特性に施術経験の蓄積を統合した対応が望まれます。

5.6 気管支喘息

　気管支喘息は，喘鳴（ヒューヒュー，ゼーゼー）を伴った呼吸困難を主訴とするアレルギー性の慢性疾患です。発症のメカニズムは，花粉症に類似したⅠ型アレルギー反応が主体と考えられていますが，小児から成人，高齢者まで，発症時期や予後もさまざまで，その実態は複雑です。喘息は発作を発症する度に症状が重症化する傾向があり，発作の予防が重要とされています。喘息治療には歴史的にも多くの治療法，医薬品が開発されてきましたが，その多くがハーブ，植物成分に由来しています。

気管支喘息の原因

　発症原因には気温や気圧なども影響しますが，基本的には呼吸の吸気時にアレルギー反応の原因となるアレルゲンという物質が体内に吸引され，気道上の細胞に接触・吸着することにあります。気管支粘膜上には，肥満細胞と呼ばれる炎症を誘発する物質の貯蔵庫のような細胞があり，この肥満細胞上のIgEという免疫グロブリンとアレルゲンが結合すると，肥満細胞内の顆粒という組織からヒスタミンなどの炎症性物質が放出されます。
　その結果，気管支をとりまく平滑筋が収縮，気管支内に浮腫と体液分泌の亢進が生じ，気道が狭窄，呼吸が困難になります。このような状況はタバコの煙や冷気など物理的な刺激によっても亢進されます。
　気管支喘息の発症には，さまざまな原因が考えられていますが，重要なものとしてハウスダストがあります。ハウスダストの主役として，寝具やカーペット中のダニが注目され，その拡大画像による外見からも忌み嫌われています。しかし，アレルギー反応を惹起するアレルゲンは，タンパク質など一般に大きな分子ですが，かといって目に見える大きさではありません。したがって，アレルゲンとなるのは，生きているダニではなく，その死骸，排泄物，ペットの抜け毛やフケ，花粉，カビなどに由来するタンパク質と考えられています。
　気管支喘息の原因にはアレルゲン以外にも体質が重要です。「アトピー」あるいは「アトピー体質」は，アレルゲンに反応して上記のIgEをつくりやすい体質で，小児喘息の9割以上はアトピー体質といわれています。また外的要因として，大気汚染，喫煙（受動を含む），ある種の抗炎症薬の服用などが原因になる

ことが知られています。

気管支喘息発作の発症時期

　季節の変り目に発作が生じやすいといわれています。気圧の変化が激しく，天候が不順な時期にアトピー性疾患（皮膚炎など）は悪化する場合が多いようです。アレルゲンが花粉や種子などに由来する場合には，花粉症と同様，季節性が認められます。これらの要因に加え，気管支喘息の発作は深夜から未明にかけて発症しやすい傾向があります。これは冒頭でも述べましたが，喘息発作における気道収縮が，気管支平滑筋の収縮によって生じることに関係しています。気管支平滑筋の収縮と弛緩は，自律神経系によって制御され，交感神経系が抑制され副交感神経系が優位なときに収縮します。副交感神経系が優位な状態とは，リラックスしているときで，一日のなかでは睡眠時に相当します。リフレクソロジーは，自律神経系に作用し，副交感神経を興奮させる場合がありますので，気管支喘息の既往症がある場合の施術には一定の注意が必要です。

気管支喘息に有効性が期待されるハーブ

1. マオウ (*Ephedra sinica* Stapf)

原産地：中国
主要成分：エフェドリン
解説：漢方薬として古くから，気管支喘息や気管支炎の治療に用いられてきましたが，1885年（明治18年），日本人薬学者の長井長義は，マオウ（麻黄）から「エフェドリン」を単離することに成功しました。エフェドリンには交感神経興奮作用があり，気管支を拡張させることから，現在でも医薬品として広く用いられています。

　エフェドリンには，交感神経刺激

エフェドリン

を介したさまざまな作用があり，ときに健康に対して好ましくない使用もされています。エフェドリンと後述のカフェインを配合した「ECAスタック」と呼ばれる合剤は，食物エネルギーの燃焼を促進することから減量薬として使用されていますが，循環器系への副作用が問題になっています。同様に，エフェドリンを含む「エフェドラ」と呼ばれるダイエット薬が，エフェドリンを含有する輸入合法ドラッグとして流通したことがありますが，心臓への障害などの危険性が指摘され，現在では入手できません。エフェドリンはドーピング検査の対象にもなっています。過去にプロスポーツ選手やオリンピック選手がエフェドリンを使用し，精神依存，大動脈瘤破裂，熱中症などによる死亡事故が複数報告されています。

　薬局の店頭で購入できる感冒薬にも気管支拡張を目的としたエフェドリンの誘導体（塩酸メチルエフェドリン）を含有するものが多くあります。この場合，誘導体化の主な目的は，複合薬剤中のエフェドリンを原料に，違法薬物（覚醒剤）が合成されることを防止することにあります。某国立大学薬学部の学生が，エフェドリンを原料に覚醒剤を合成し，闇の世界に流そうとして摘発された事件も知られています。

2. コーヒーノキ（*Coffea arabica*），カカオ（*Theobroma cacao*）

原産地：エチオピア，南アメリカ
主要成分：カフェイン，テオフィリン
解説：古くから濃いコーヒーが喘息治療に有効であることが報告されていました。コーヒーやカカオの実には，カフェイン，テオフィリン，テオブロミンなど，メチルキサンチン類と呼ばれる生理活性成分が含まれています。メチルキサンチン類は，興奮作用に加え，気管支拡張作用を示すため，気管支喘息の治療に用いられますが，喘息治療用の医薬品としては，気管支平滑筋拡張作用が強力なテオフィリンの利用が進んでいます。

　　　カフェイン　　　　　テオフィリン　　　　テオブロミン
メチルキサンチン類

メチルキサンチン類の気管支拡張作用は，これらの化合物に共通して，ホスホジエステラーゼと呼ばれる酵素の活性を阻害することで，細胞内のサイクリックAMP（cAMP）の濃度を上昇させ，気管支平滑筋を弛緩させることにあります（図5.2 ❷の作用点）。ただし，この薬理作用を安全に利用するためには，薬物（テオフィリン）の血中濃度を一定の狭い範囲に維持することが求められるため，安全で有効な使用には種々の工夫が必要になります。

一方，コーヒーや緑茶・紅茶，コカコーラの成分としても馴染み深いカフェインは，主に覚醒作用，利尿作用，脳細動脈収縮作用（交感神経興奮作用）などが認められます。前述のエフェドリン誘導体とともに総合感冒薬の多くに頭痛緩和の目的で配合されています。

コーヒーノキ

カカオ

3．アセン（*Acacia catechu*）

原産地：インド
主要成分：カテコール
解説：マメ科の高木で，樹木の芯部に含まれるタンニン酸が染料などとして利用されていますが，古くから，その収斂作用が知られ，胃腸薬としても用いられています。これらの用途とは別に，アセン（阿仙）からはカテコールという副腎髄質ホルモンが単離されています。カテコールの仲間であるアドレナリン，ノルアドレナリン，ドーパミンなどは，

カテコール　　β刺激剤イソプロテレノール

強力な生理活性物質で，気管支拡張作用を示します（図5.2 ❶の作用点）。現在では，カテコールの骨格をもとに化学合成された，選択的β₂刺激薬が喘息治療に欠かせない薬剤となっています。

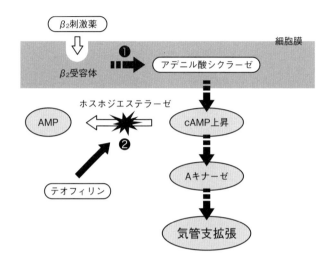

図5.2　気管支拡張物質の作用点

5.7 糖尿病

糖尿病の原因

　ヒトは食物として摂取した栄養素を使って生命活動を営んでいます。なかでも炭水化物は身体を動かすエネルギーの源です。炭水化物は消化管で消化・吸収され，身体を流れる血液のなかにブドウ糖（グルコース）として入ります。ブドウ糖は血流にのって身体を循環し，細胞にとり込まれます。筋肉細胞にとり込まれたブドウ糖は筋肉を動かすエネルギーとなり，また，肝臓や脂肪細胞にとり込まれたブドウ糖はグリコーゲンや脂肪というかたちで蓄えられます。血液中のブドウ糖（血糖という）が細胞にとり込まれるためにはインスリンが必須です。インスリンは膵臓のランゲルハンス島β細胞から分泌されるホルモンです。正常な人であれば，食事をとって血糖値が上昇するとインスリンが分泌され，ブドウ糖が細胞にとり込まれるため，血糖値は一定の範囲で安定した値を保っています。このインスリンの分泌やはたらきがうまく機能せず，血糖値が高い値（高血糖）が長期に渡って持続するのが「糖尿病」です。

　糖尿病にはいくつかのタイプが存在することが知られています。ひとつはウイルス感染，アレルギーや遺伝などによる自己免疫異常で膵臓のβ細胞が破壊され，インスリンがまったく，あるいはほとんど分泌されないタイプで，これを「Ⅰ型糖尿病」と呼びます。Ⅰ型糖尿病はインスリン分泌機能が体内から消失しているので，外部からインスリンを投与しなければなりません。よって，Ⅰ型糖尿病はインスリン投与が生涯にわたり必要になります。

　もうひとつのタイプは，インスリンは分泌されるものの，分泌量が少なかったり（インスリン低反応型），分泌のタイミングが遅かったりするタイプ（インスリン遅延反応型），また，分泌量やタイミングは血糖値に見合ったものなのに，血糖が細胞にうまくとり込まれないタイプ（高インスリン血症：インスリン抵抗性）で，これらは「Ⅱ型糖尿病」と呼ばれます。Ⅱ型糖尿病の原因はさまざまですが，過食，肥満，運動不足，遺伝的要因などと因果関係があります。日本における糖尿病患者は約700万人以上，糖尿病になる可能性が高い予備軍を含めると約1,600万人以上といわれています。そして，その95％以上がⅡ型糖尿病です。

糖尿病の病態

　高血糖が続くと血管が次第に傷ついてきます。ドロドロの水が流れると水道管やパッキンが早く傷むように，ブドウ糖が高濃度で存在する血液が流れる血管も傷みが早いからです。血管が傷むとさまざまな合併症が起きてきます。これらの合併症は身体のなかでも血流が多い場所や細い血管が多い場所に顕著にみられます。

　比較的初期に現れる合併症に糖尿病神経障害があります。四肢のしびれ，つり（こむら返り），痛みなどの症状です。このほか，糖尿病網膜症は，眼底の血管が詰まったり出血したりするもので，症状が悪化すると失明に至ります。早期での自覚症状がないため，恐ろしい合併症のひとつといえるでしょう。日本では失明する人の最大要因が糖尿病網膜症になります。また，糖尿病腎症もよくみられる合併症です。老廃物を尿として排泄するための腎臓の濾過機能が低下するものです。糖尿病腎症による腎不全患者の数は多く，毎年人工透析を開始する人の30％以上が糖尿病腎症によるものです。

　そして，糖尿病は高血圧や高脂血症と同様，動脈硬化を促す要因になります。動脈硬化が進行すると，脳梗塞，心筋梗塞，狭心症などが起こりやすくなります。喫煙は糖尿病による動脈硬化を相乗的に促進しますので要注意です。そのほか，男性では血流障害によるインポテンツなども起こります。

　ここで述べた合併症は，いずれもはっきりとした自覚症状がないまま慢性的に進行します。最終的には悲惨な結果へとつながるものです。糖尿病の恐ろしさは，これら合併症にあるといえるでしょう。

尿に糖が出ると糖尿病？
column

　糖尿病はその名のとおり，尿に糖が出るため尿が異臭を放つことから付けられた名称です。通常，腎臓の尿細管では血液を濾過して原尿をつくった後に尿細管で身体に必要なグルコースを再吸収して尿に出ていくのを防いでいます。しかし，原尿中のグルコース濃度が高くなりすぎると，すべてのグルコースを再吸収することができなくなり，結果として尿中にグルコースが出てしまうのです。ですから，実際に尿に糖が出るのはかなりの高血糖になっ

た状態です。

　それでは糖尿病の高血糖状態を診断するにはどのような方法が用いられているでしょうか。血糖値を測定するのが高血糖を診断するうえで最も直接的な方法と思われるかもしれません。しかし，血糖値は日常生活のなかで食事をとったり運動をしたりするたびに刻々と変動しています。また，そのときのストレスや体調などによっても変化します。したがって，どの時期の血糖値をもって高血糖と判断すればよいのか難しいことがあります。

　血液のなかにはHbA1c（ヘモグロビン・エー・ワン・シー）という成分が含まれています。HbA1cは，過去1～2か月の血糖の状態を反映するものとして知られています。健康な人であれば，HbA1cは4.3～5.8%の値を示します。このHbA1c値と食後および空腹時の血糖値を参考にして糖尿病の血糖状態を評価するのが一般的です。

糖尿病の治療

　糖尿病の治療目的は，血糖値を適切なレベルにコントロールし，合併症の発症と進行を遅らせることにあります。前述したように，インスリンが分泌されないⅠ型糖尿病ではインスリンの投与が必要ですが，Ⅱ型糖尿病の場合は薬物治療の前にまず食事療法と運動療法を行います。

　過食によるカロリー摂取過多や肥満や運動不足によるエネルギーの蓄積過剰では，高血糖状態が慢性的に持続しています。このような状態が続くと膵臓のβ細胞によるインスリンの分泌量が不足してきます。また，血糖値に反応してインスリンを分泌していたβ細胞の疲労から，分泌能力自体が低下してくることもあります。さらに，血糖値にふさわしいインスリン量が分泌されたとしても，血中で高インスリン濃度が持続すると，インスリンのはたらきであるグルコースを血中から細胞内へとり込ませる能力が落ちてくることがあります（インスリン抵抗性）。

　食事療法と運動療法は，エネルギーの摂取量と消費量をコントロールし，血糖値を適正化しようとするものです。この方法で血糖値をうまく維持できれば，薬物療法を行う必要はありません。しかし，これらは規則正しい生活が要求され（食事量の制限と日常的な運動），実践するとなると患者はしばしば苦痛を感じる

ことが少なくありません。この苦痛を軽減する手段のひとつとして，ホリスティックな分野での生活習慣の向上・変更は非常に有効であると考えられます。

医薬品による治療

　II型糖尿病の治療は食事療法と運動療法からスタートしますが，血糖値のコントロールが不十分な場合は薬物治療を行います。また，薬物治療を行う場合にも食事療法と運動療法は継続します。

（１）経口血糖降下薬
スルホニル尿素系薬（SU剤）
　膵臓のβ細胞に作用し，インスリンの分泌を促進する薬剤です。SU剤は糖尿病治療薬として最も汎用されている薬剤です。SU剤は直接インスリンを分泌させるので，食事療法と運動療法を行わないと肥満を増長するとの報告があります。現在SU剤は第一世代から第三世代までの数種の薬剤がありますが，これらの薬剤は作用の強さ，作用時間，インスリン分泌作用以外の作用の有無などの違いをもとに使い分けられています。グリベンクラミドは作用が強く，また作用時間も比較的長く，1日2回の服用ですむため，広く使用されています。また，第三世代のグリメピリドはインスリン分泌作用のほか，グルコースの細胞とり込み促進作用も併せもっています。

ビグアナイド剤（BG剤）
　肝臓からの糖の放出抑制，末梢の細胞での糖のとり込み促進，消化管からの糖の吸収抑制により血糖値を降下させます。SU剤や速効型インスリン分泌促進薬とは異なり，インスリン分泌促進作用はありません。特にインスリン抵抗性の患者に有効です。欧米では肥満を伴う患者に多く用いられています。ビグアナイド剤は副作用として乳酸アシドーシスを起こすことがあり，肝・腎機能や心肺機能が低下した患者への投与には注意が必要です。

αグルコシダーゼ阻害剤
　食物中のデンプンは消化管にある酵素（αアミラーゼおよびαグルコシダーゼ）グルコースに消化されますが，αアミラーゼ阻害剤はこの酵素を阻害します。食事をとってもグルコースの吸収が低下・遅延するために血糖値の上昇が抑えら

れますが，作用メカニズムからもわかるように，この薬剤は食前に服用しないと効果が現れません。

（2）インスリン製剤

インスリン療法は身体に不足するインスリンを投与するものですから，作用は最も直接的であるといえます。Ⅰ型糖尿病では治療開始時から不可欠なものですし，Ⅱ型糖尿病でも血糖値のコントロールが不十分な場合は用いられます。インスリンは51個のアミノ酸がつながってできているペプチドホルモンです。インスリンは経口投与では分解されてしまうため，消化管吸収を経ない皮下注射で投与されます。皮下注射では皮下組織の毛細血管から血液中にインスリンが吸収されるため，血液に至るまでにインスリンが分解される心配がありません。また，血管に直接注射するわけではないので，血中インスリン濃度が急激に上昇しすぎることもありません。さらに，投与するインスリンの量は患者の血糖値に合わせて細かく調整する必要がありますが，皮下注射ですと投与量の増減も正確に行えます。健常な人のインスリン分泌は常に分泌されている基礎分泌と，食事などで血糖値が上昇したときに分泌される追加分泌があります（図5.3）。インスリン製剤は，この血糖値の変化に対応したインスリン分泌パターンを再現できるように，効果が現れる速度や持続性の異なるいくつかのタイプが用いられます。

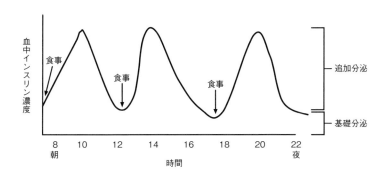

図5.3　健常な人の典型的なインスリン分泌パターン

ハーブと糖尿病

1. ニチニチソウ（*Vinca major*）

原産地：ヨーロッパ
主要成分：ビンクリスチン，ビンブラスチン

解説：園芸植物として身近なニチニチソウですが，古くはヨーロッパで糖尿病の民間薬として用いられました。1950年代，規糖尿病薬の探索研究を行っていた科学者は，この伝承的効果に注目し，ニチニチソウの成分に関する化学的な検討を行い，70種以上のインドールアルカロイド（ニチニチソウの学名 *Vinca* からビンカアルカロイドと総称）を分離・同定しました。これらの成分には，確かに血糖降下作用が認められ

ビンクリスチン

ましたが，細胞毒性が強く，糖尿病の薬には不向きでした。一方，強い細胞毒性に注目した研究者は，これらの成分を抗がん薬として開発することにしました。今日，ビンクリスチン，ビンブラスチンなどと呼ばれている医薬品は，このような経緯から誕生し，白血病をはじめとするがんの化学療法に欠かすことのできない薬剤になっています。

2. サラシア（*Salacia reticulata*）

原産地：インド，スリランカ
主要成分：サラシノール，コタラノール

解説：ニシキギ科の植物で，スリランカおよびインド南部の限られた地域に自生しています。スリランカ（シンハラ語）では Kotala himbutu と呼ばれ，インドやスリランカの伝統医学であるアーユルヴェーダ医学において，その茎や根が糖尿病の特効薬として古代から治療に用いられてきました。近年，日本の研究者によ

り，サラシアの含有成分分析と単離が行われ，それらの薬理活性についても検討が行われました．その結果，サラシア中の成分であるサラシノールおよびコタラノールに，強いαグルコシダーゼ阻害作用が見出されました．動物実験により，これらの成分による血糖降下作用も確認され，その作用は医薬品として使用されているαグルコシダーゼ阻害剤（アカルボース）よりも強力であることが示されています．現在，スリランカ政府は，サラシア（Kotala himbutu）の国外持ち出しを厳重に規制していますが，日系企業のなかには現地スリランカの農場でサラシアを栽培し，その製品を健康食品として日本に輸入・販売しているものがあります．

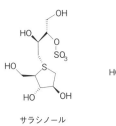

サラシノール

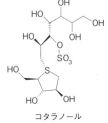

コタラノール

5.7 糖尿病

5.8 リウマチ

　リウマチ（関節リウマチ）は，膝や手指など，全身の関節に炎症が生じ，疼痛や腫脹などの症状が起きる疾患です。病状が進行すると，関節の軟骨や骨が破壊されて変形し，関節のはたらきが損なわれます。関節リウマチに悩む患者数は，総人口の約0.5％，30歳以上の約1％といわれています。高齢化に伴い患者数は増加する傾向にあり，日本では100万人に達するともいわれています。また，患者の男女比は約1：4と，男性より女性が多いことが知られています。このように高い有病数を示し，また日常生活に支障をきたすことにもなる関節リウマチですが，発症の原因は明らかになっていない部分が多い疾患です。しかし，適切な治療を受けることで関節炎の症状をやわらげ，関節の破壊を阻止することができます。特に発症初期から治療を開始することで，病状進行が効果的に抑えられ，患者のQOL（生活の質）は以前に比べると大きく向上してきました。

関節リウマチの原因

　関節リウマチがどうして起きるのかはいまだに解明されていません。しかし，何らかの免疫異常がかかわっていることは確実とされています。本来，免疫は自分自身を護るために身体に備わっているシステムです。外部から体内に「抗原」といわれる異物，すなわちウイルスや細菌，またこれらに感染した細胞などが侵入すると，免疫は「抗原」を攻撃し破壊する「抗体」という物質をつくり，体内から「抗原」を排除しようとします。私たちはこの免疫のはたらきのおかげで細菌やウイルスが体内に侵入しても必ずしも感染が成立せず，病気の発症から免れることができるのです。
　ところが，関節リウマチの患者では，この免疫系に異常が起き，異物を攻撃するはずの免疫システムが関節中の正常な自分自身の組織を攻撃します（自己免疫反応）。その結果，関節内の毛細血管が増殖し，血管から関節滑膜を攻撃するリンパ球やマクロファージなどの白血球が出てきます。これらの細胞は，炎症を惹起するサイトカインという物質を過剰に産生します。炎症を悪化させるサイトカインとしては，IL6（インターロイキン6）やTNF-αなどが知られています。炎症が進行すると関節滑膜細胞の増殖が起きて痛みや腫れが起こり，関節液が増加して軟骨や骨の破壊・変形が起きます（図5.4）。

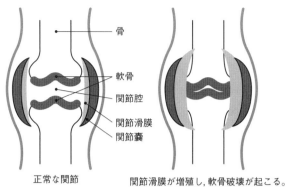
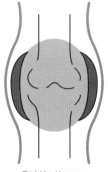

図5.4 関節リウマチにおける関節の変化

　では，どうして関節リウマチを引き起こす異常な免疫反応が起こってしまうのでしょうか？　決定的な要因はわかっていませんが，次のリスク因子が複雑にかかわって発病すると考えられています。

1．感染：ある種のウイルスや細菌に感染すると，関節リウマチの自己免疫反応を起こす「抗体」を産生するリンパ球の活動が盛んになることがわかっています。
2．遺伝：関節リウマチの発症には遺伝的な体質や素因がかかわる場合があります。関節リウマチそのものは遺伝性の病気ではありませんが，何らかの遺伝子の異常が関与していると考えられています。
3．薬物や化学物質：ある種の薬物や化学物質は，体内の成分と結合することで，関節リウマチの自己免疫反応を誘導することが知られています。
4．女性ホルモン：女性ホルモンは自己免疫反応のはたらきや，自己免疫反応を促すサイトカインを活性化させることがわかっています。
5．ストレス：精神的なストレス，身体的なストレス，どちらもが自己免疫反応を誘発する原因となることがあると考えられています。

column 関節リウマチはなぜ女性に多い？

　関節リウマチに限らず，自己免疫反応の異常による疾患を「膠原病」と呼びます。一般に膠原病は，男性よりも女性に多く発症する傾向があります。全身エリテマトーデス，強皮症，シェーグレン症候群，バセドウ病や橋本病などは，いずれも女性のほうが罹りやすい病気です。女性ホルモンは，これらの病気を直接引き起こす原因ではありませんが，女性ホルモンのなかの卵胞ホルモン（エストロゲン）と乳腺刺激ホルモン（プロラクチン）は，自己抗体のはたらきやサイトカインを活性化させやすいことがわかっています。

　実際，関節リウマチは月経がある年代で発症しやすい病気です。また，関節リウマチの女性が授乳をしていると症状が悪化するという症例が数多くあります。さらに，女性固有の妊娠・出産というライフステージが，関節リウマチ発症のきっかけになっている可能性が指摘されています。受精から妊娠中にかけて男性の精子や細胞を非自己（異物）と認識して排除しないよう，女性の免疫力は非妊娠時に比べ低下しています。出産後に免疫力は回復しますが，このとき免疫力が急激に変化し，自己免疫反応が過剰になりやすいと考えられています。

関節リウマチの症状

　関節リウマチでは，発熱，倦怠感，疲労感，食欲不振などの全身症状がみられ，その後，関節の痛み，腫れ，こわばりなどの症状が現れるのが一般的です。関節痛は最初１か所か少数の関節からはじまりますが，長期的には左右対称に，複数の関節で炎症が起きるようになります。当初は関節の動作時だけに痛みを感じますが，病状が進行すると静止時にも痛みを感じるようになります。放置しておくと，関節の骨や軟骨が破壊されて関節の変形が起き，関節を動かせる範囲が狭くなります。このようになると，歩く，座る，物をもつなど，日常生活に支障をきたすようになります。関節リウマチによる炎症は手足の指や足首，膝などに多く現れます。手の指では，指先から２番目と付け根の部分に腫脹を生じることが多く，足では，指の付け根に炎症が起こることが多く観察されます。関節リウマチの症状では，最初に関節を動かそうとすると，こわばって動かしづらいのです

が，いったん動かしはじめるとだんだん容易に動かすことができるように感じることがあります。この感じ方は，一般的に朝起きたときに最も強いので，これを関節リウマチに特徴的な「朝のこわばり」といいます。関節の痛みは進退をくり返しながら長期にわたります。症状は天候の影響を受けることも多く，暖かく晴れる日が続くと軽快し，逆に寒い雨の日などは悪化し，痛みが強くなります。

関節リウマチの診断

　過去には，関節リウマチの進行は比較的遅く発症から数年をかけて関節の骨や軟骨が変形・破壊されると考えられていました。しかし最近の研究結果から，関節リウマチは発症後1年以内に急速に進行することがわかってきました。したがって，関節リウマチでは，早期に発見し，できるだけ早く適切な治療を開始・継続する必要があります。

　現在，関節リウマチの診断にはアメリカリウマチ学会が作成した診断基準がよく利用されています。この診断基準は次の7項目からなります。このうち4項目以上が該当すると関節リウマチである可能性が高いと診断されます。

1．少なくとも1時間以上続く「朝のこわばり」がある。
2．3か所以上の関節に腫れが認められる。
3．手首，手指の第二関節，手指の付け根の関節に腫れが認められる。
4．関節の腫れが左右対称である。
5．リウマトイド結節（関節にできるこぶのような皮下結節）が認められる。
6．血液検査でリウマトイド因子（関節リウマチでみられる自己抗体）が陽性反応を示す。
7．X線検査で手・指の関節に異常が認められる

　血液検査ではリウマトイド因子の検査とは別に，抗CCP抗体という関節リウマチに特有な自己抗体や，CRPという炎症時に肝臓でつくられるタンパク質の量を測定します。慢性炎症に伴って赤血球の沈む速度が速くなることから，赤血球沈降速度を測定することも多く，これらの結果を総合的に判断して関節リウマチの診断が下されます。

関節リウマチの治療

　関節リウマチの治療の目的は，症状がなくなった寛解状態をめざすことです。そのためには，関節の痛みと腫れをとり除くこと，関節破壊の進行を抑えることが重要です。アロママッサージやリハビリテーションなどの理学療法も患者のQOL維持と向上にとても有効です。

（1）薬物療法

　関節リウマチの治療に用いられる薬剤には，非ステロイド性抗炎症薬，抗リウマチ薬，ステロイド類，生物学的製剤などがあります。近年，リウマチの薬物療法は長足の進歩を遂げ，患者に福音をもたらしています。

非ステロイド性抗炎症薬

　非ステロイド性抗炎症薬（アスピリン，インドメタシン，イブプロフェン，ジクロフェナックナトリウムなど）には，プロスタグランジンという炎症にかかわる物質の生合成を抑え，痛みと腫れを緩和する作用があります。関節リウマチが疑われる場合，最初に用いられる薬剤で即効性がありますが，関節リウマチの炎症に対する根本的な治療薬ではありません。関節リウマチは慢性疾患ですので，対症療法的な非ステロイド性抗炎症薬の服用も長期にわたります。一方，非ステロイド性抗炎症薬の副作用として，胃潰瘍や十二指腸潰瘍などの消化管障害がみられることがあります。この副作用は，プロスタグランジン類が炎症と同時に消化管粘膜の保護作用に関係しているために避けることができません。

抗リウマチ薬

　関節リウマチの確定診断が下ると，抗リウマチ薬を使用します。抗リウマチ薬は関節リウマチの症状の直接原因である免疫系の異常に作用して病気の進行を抑えるはたらきがあります。

　葉酸の活性化を阻害するメトトレキサート（リウマトレックス）は，もともとは白血病や悪性リンパ腫の治療薬でしたが，免疫グロブリン産出やリンパ球増殖等の抑制により免疫系を調整することから，関節リウマチの治療にも用いられるようになり，リウマチの薬物療法を質的に変化させました。ただし，効果発現までに数か月を要すること，間質性肺炎などの篤な副作用が高率で出現するなど，その使用には高度な経験と専門知識が必要になります。抗マラリア薬のヒド

ロキシクロロキン，抗生物質のミノサイクリン，免疫抑制薬のシクロスポリンなどにも効果が確認されていますが，日本での健康保険適用は遅れています。

生物学的製剤

　インフリキシマブ（レミケード）などの生物学的製剤は，関節リウマチを引き起こす物質（TNF-α，IL-1，IL-6など）や免疫細胞（T細胞やB細胞）を標的にして，それらを阻害，抑制するように設計された新しいタイプの製剤です。生物学的製剤の標的となるのは，炎症を起こすサイトカインと免疫と直接かかわりがあるT細胞などです。生物学的製剤による治療では，関節リウマチの症状を改善し進行を抑制するだけではなく，破壊された関節を復元できる可能性も示されています。一方，免疫応答に対する抑制作用が強く，重篤な感染症や悪性腫瘍の発現などの副作用も報告されています。前述のメトトレキサートなどでは十分な効果が得られない，難治性の症例などでも優れた効果が得られる場合があり，リウマチ治療に新たな展開を示しつつあります。

（2）リハビリテーション

　リハビリテーションは関節リウマチの進行を抑え，日常生活を維持できるようにするために重要です。リハビリテーションは薬物療法の補完ではなく，そのものが関節リウマチ治療法の大きな柱のひとつです。関節リウマチになると痛みのため関節を動かしにくくなり，そのため関節周囲の筋力は低下し，関節の可動範囲が狭くなります。リハビリテーションには，温海水（タラソテラピー），水（水治療法），光線などの物理的な刺激を利用し，関節の血行をよくして痛みをやわらげる理学療法・運動療法（キネジテラピー）も含まれます。また，手や手指の機能回復のために手芸，木工，絵画などを行う作業療法，手や手指，膝，足首などの関節への負担を軽減するための装具を着用し，関節の変形予防や矯正をする装具療法もあります。

（3）手術療法

　現在，手術療法は多くの関節リウマチ患者にとって必須ではありません。しかし，薬物療法やリハビリテーションで関節リウマチの進行を止められない症例や，発症から治療開始までのタイミングが遅すぎた症例などでは手術療法を行います。手術療法を選択するのは，疼痛が強く，関節の動く範囲が狭まった結果，日常の動作が不能になり，人の介助が必要になるなど，明らかに骨破壊が進行し

た症例です。また，手術を行うには，骨破壊が起きた関節の周囲の筋肉が術後のリハビリテーションで回復できる程度の筋力を維持していること，関節リウマチのほかに他の合併症や感染症がないことが条件になります。手術療法には限界もあり，手術後数年経つと再び炎症が起き，手術をくり返す例もあります。

近年は人工関節の素材，形状，技術の進歩が目覚しく，術後のリハビリテーションを続けることで半永久的に治療効果が持続できるようになってきました。

（4）ハーブとリウマチ

免疫系に作用するハーブ類は多く存在しますが，その多くが免疫応答を賦活化し，ウイルス，細菌，がんなどへの抵抗力を増進させるものです。菌体（シイタケ，カワラタケ，サルノコシカケなど）成分やハーブ類（エキナセアなど）の多くに，免疫系を賦活・活性化する作用が認められ，感染症やがんの予防に用いられています。しかし，リウマチは，免疫応答が亢進して自己細胞を攻撃することで生じる疾患ですので，免疫系を亢進させるハーブの使用は理論的には禁忌になります。冬虫夏草（*Cordyceps sinensis*）に含まれる，コルジセピン（3′-デオキシアデノシン）には免疫抑制作用がありますが，細胞毒性が強力で，ハーブとしての使用には慎重になるべきでしょう。

薬物療法の冒頭に記した，非ステロイド性抗炎症薬アスピリンはハーブ由来の薬物です。古くからヤナギの葉や枝に鎮痛作用が存在することが知られ，歯痛の治療や予防に楊（ヤナギ）枝が用いられました。19世紀の前半，フランスの薬学者がセイヨウシロヤナギ（*Salix alba*）から活性物質を単離し「サリシン」と命名しましたが，苦味が強く内服には不向きでした。その後，サリシンの薬理活性本体がサリチル酸で

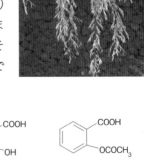

サリシン　　サリチル酸　　アスピリン

ヤナギ由来の消炎鎮痛化合物

あることが解明されましたが，サリチル酸にも胃粘膜に対する刺激作用があり，そのままでの服用には問題がありました。19世紀の末期になって，ドイツバイエルン社の化学者によってサリチル酸をアセチル化したアセチルサリチル酸（アスピリン）が合成されました（人類最初の合成医薬品）。アスピリンは「永遠の新薬」とも呼ばれ，現在でも広く使用されています。

5.8 リウマチ

5.9 高血圧

日本には高血圧の人が3,500万人以上いるといわれていますが，その90％以上は特定の原因が不明な本態性高血圧症です。本態性高血圧症には遺伝的要因が関与していることが知られていますが，高血圧を引き起こすのは特定の単一遺伝子ではなく，複数の遺伝子が関与しているため，その背後には複雑な要因が存在していることが推察されます。また，環境的な要因も重要です。ナトリウムの過剰摂取，肥満，運動不足，喫煙などの生活習慣や過度の心理的ストレスなどが本態性高血圧にかかわっていると考えられています。

高血圧のメカニズム

血圧は心拍出量と末梢血管抵抗の積として規定され，高血圧は心拍出量（心臓機能や体液量）と末梢血管抵抗（血管因子・体液因子・神経因子）の両者，または一方が高くなっている状態です。この状態では血管壁に通常よりも高い圧力がかかっているため，高い圧力に抵抗して動脈の壁が厚くかたくなり，その結果，心臓では狭心症や心筋梗塞，脳では脳出血や脳梗塞，腎臓では腎不全などの重篤な合併症を起こしやすくなります。日本高血圧学会の治療ガイドライン（2014年5月版）では，収縮期血圧が130mmHg未満でかつ拡張期血圧が85mmHg未満を「正常血圧」，収縮期血圧が140mmHg以上または拡張期血圧が90mmHg以上を「高血圧」と定義しています。両者の中間を示す場合は「正常高値血圧」と呼ばれますが，「正常高値血圧」と「高血圧」はどちらも治療の対象となります。一方，よほど重症の高血圧でなければ高血圧自体には特に自覚症状はありません。症状があれば早期の診断や治療を心掛けることもできますが，症状がないことを理由に高血圧を長期間放置しておくと，突然の脳梗塞や心不全，あるいは腎不全に陥ったりします。

食塩（ナトリウム）のとりすぎはなぜいけない？

ナトリウム（塩化ナトリウム＝従来の食塩）には，体内に水分を貯留させるはたらきがあります。食塩（ナトリウム）の過剰摂取によって体内のナト

リウム濃度が上昇し，水分の体外への排泄が抑制されると，体液量（血液，組織液）が増加し，外見的には浮腫を生じます。遺伝的に腎臓からのナトリウム排泄がうまく機能していない人（食塩感受性が高い）も体内ナトリウム濃度が上がり，同様のことが起こります。その結果，心拍出量が増え，血圧は上昇します。

　血管壁を構成している細胞中にもナトリウムは入り込みます。血管壁細胞内のナトリウム濃度が上昇すると，細胞内に水分が多く滞留するため細胞が膨張し，細胞間隙が狭くなり，血管の柔軟性が低下します。またその結果，血管の内腔（血液が流れる部分）も狭くなり，末梢血管の抵抗性が上昇して血圧は上昇します。

　本態性高血圧では遺伝的に食塩感受性が高い人が3〜5割程度存在することが知られています。このような人が食塩（ナトリウム）をとりすぎると高血圧になりやすいといえます。一方，食塩感受性が低い人では食塩摂取制限が血圧降下に対して効果を示さないことがあります。

　日本では古くから塩蔵食品が発達し，独特の食文化をつくってきました。日本人の一日の平均食塩摂取量は近年低下しつつありますが（男性10.9 g，女性9.2 g（2015年12月現在）），いまだに治療ガイドラインの目標値（1日6 g未満）には及びません。ほかのミネラル（カリウム，マグネシウム，カルシウムなど）と併せて摂取することでナトリウムの過剰摂取分の一部を相殺できるとの報告もあります。ナトリウムの摂取制限だけではなく，バランスのよいミネラル補給も考えるべきでしょう。

高血圧の薬物治療とハーブ

　血圧の制御には，心臓，血管，腎臓など多くの器官がかかわっています。また，これらの器官は自律神経系の支配下にあり，血圧に影響する要因は非常に複雑です。ハーブ類の多くが複雑な作用を介して血圧に影響することが知られています。また，このようなハーブの成分をもとにして開発された医薬品も多く存在します。なかでもキョウチクトウ科の植物には毒性を示すものが多く，危険である一方，さまざまな薬物成分が発見されています。

キョウチクトウの一種から発見された血圧降下薬

1. インドジャボク（*Rauwolfia serpentina*）

原産地：インド
主要成分：レセルピン

解説：名前の由来は，その根が蛇の形に似ている，あるいは蛇の咬傷に用いたこととされています。インドでは古くから民間薬として用いられてきましたが，この植物の根から「レセルピン」という血圧降下作用や鎮静作用のある薬物が見出され，アポプロン等の商品名で医療用に使用されています。レセルピンは，小胞体という器官に，ホルモンの一種であるノルアドレナリンがとり込まれるのを阻害することで，鎮静，血圧降下，心拍数の減少，瞳孔の縮

レセルピン

小，体温降下など，複雑な作用を示します。上にレセルピンの化学構造を示しますが，このような複雑な化学物質を均一かつ大量に生産することは，現代の有機化学合成技術をしても非常に困難で，驚嘆すべき植物の力といえます。

2. マオウ（*Ephedra sinica* Stapf）

原産地：中国
主要成分：エフェドリン

解説：前述のインドジャボクのレセルピンとは逆の作用を示すハーブになります。マオウは世界中の乾燥地域に分布する常緑低木ですが，乾燥条件に対応して葉が退化して鱗片状となり，茎だけの植物にみえます。

中国では，古くから，その砂漠地帯に生育するエフェドラ類の地下茎を生薬名「麻黄」として薬用に用いていましたが，19世紀末，日本人薬学者の長井長義によって，その有効成分「エフェドリン」が発見されました。エフェドリンには交感神経興奮作用があり，気管支炎や気管支喘息の治療に用いられますが，血圧を

上昇させる作用もあります。マオウの交感神経興奮作用は，ダイエット（食欲抑制）や，スポーツ競技時の集中力向上などにも効果があります（エフェドリンはドーピング検査の対象薬物になっています）。この作用を期待して「エフェドラ」などの名称でサプリメントとしてマオウが流通したことがあり，プロスポーツの選手などが利用しましたが，急な心疾患による死亡例が多発し，現在ではサプリメントとしての使用は禁止されています。

高血圧の治療薬

（1）降圧利尿薬

利尿薬は，水分とナトリウムを尿として体外に排泄する作用をもちます。その結果，体液量が減少し，血圧が降下します。降圧利尿薬は，チアジド系，ループ系，カリウム保持系の３種に大別することができます。尿は腎臓で，糸球体濾過，尿細管分泌，尿細管再吸収の３つの過程を経て生成されます。糸球体では血圧と糸球体内圧の差によって血液が濾過されます（濾過されてできたものを原尿という）。近位尿細管では血液中に残っている不要な物資が能動的に原尿に分泌されます。また同時に，尿細管中にある必要な物質を能動的に血液中に再吸収します。一方，遠位尿細管では原尿にある物質をその物性に応じて血液中に再吸収します。そして，複数の尿細管から集まった最終的な生成物が尿となります。

チアジド系利尿薬

遠位尿細管におけるナトリウムなどの再吸収を抑制して尿量を増加させます。ナトリウムだけではなくカリウムの再吸収も抑制するので，低カリウム血症の発現に注意が必要です。作用が持続的で１日１回の服用で作用が持続します。作用が穏やかで使いやすい降圧薬です。

主な薬剤（商品名）：フルイトラン，ダイクロトライド，エシドレックスなど

ループ利尿薬

　遠位尿細管前部のHenleループにおけるナトリウムなどの再吸収を抑制して尿量を増やします。この利尿薬も副作用として低カリウム血症が現れることがあります。利尿作用が強く，短時間で大量の尿が得られますが，降圧効果は利尿効果ほど強力ではありません。腎機能の低下や心不全を伴う症例にも用いることができます。

　主な薬剤（商品名）：ダイアート，ラシックス，オイテンシン，ノルメランなど

カリウム保持性利尿薬（抗アルドステロン性利尿薬）

　集合管（複数の尿細管が集合している部分）におけるアルドステロン作用に拮抗し，ナトリウムとカリウムの交換を抑制，尿中ナトリウムの再吸収を低下，カリウムの尿排泄を抑制します。鉱質コルチコイドホルモンにも影響与えるため，男性では女性化乳房や性欲減退，女性では多毛や月経不順などの副作用が現れることがあります。この利尿薬は単独では作用が弱く，他の利尿薬と併用して補助的に用いられることが多いです。

　主な薬剤（商品名）：ソルダクトン，アルダクトンなど

（2）カルシウム拮抗薬

　細胞の内外を隔てる細胞膜は，カルシウムチャネルというカルシウムイオンの通り道をもっています。カルシウムイオンは細胞内の情報伝達物質のひとつで，通常は細胞内よりも細胞外のほうが著しく高い濃度を保っています。細胞に何らかの刺激が加わりカルシウムチャネルが開くと，カルシウムイオンは細胞外から細胞内に一気に流入します。カルシウムチャネルが開き，カルシウムイオンが細胞内に流入すると心筋と血管平滑筋は収縮し，その結果，心拍力と血管抵抗性が高まり血圧は上昇します。カルシウム拮抗薬はこの膜電位依存性カルシウムチャネルに結合し，カルシウムイオンの流入を妨げることで血管を拡張し，心筋収縮を抑制するものです。

　カルシウム拮抗薬は，現在，降圧薬のなかで最も作用が強く，また重篤な副作用が少ないことから，高血圧症の第一選択薬として広く使用されています。カルシウム拮抗薬のなかにはCYP3A4という代謝酵素で特異的に分解される薬剤が多くあります。そのためCYP3A4を阻害するグレープフルーツジュースといっしょに服用するとカルシウム拮抗薬の体内からの消失が抑制され，作用が強く現れすぎるので注意が必要です。

主な薬剤（商品名）：アダラート，エマベリン，ニコデール，ペルジピン，ニバジールバイロテンシン，カルスロット，バイミカード，コニール，ワソラン，ヘルベッサーなど

（3）アンジオテンシン変換酵素（ACE）阻害薬

　アンジオテンシンIIはナトリウムを体内に貯留させて循環血液量を増やし，血管平滑筋を収縮させることで血圧を上昇させる昇圧系の生理活性ペプチドホルモンです。アンジオテンシンIIは血液中にあるレニン-アンジオテンシン系と呼ばれる生合成システムでつくられます。血中ナトリウム濃度の低下に伴う血液量の低下など，血圧が低下すると腎臓でレニンという酵素が生成して，血液に分泌されます。血中には肝臓から分泌されるアンジオテンシノーゲンが豊富に存在していますが，これにレニンが作用してアンジオテンシンIが生成します。さらにアンジオテンシンIはアンジオテンシン変換酵素（ACE）によってアンジオテンシンIIに変換されます。ACE阻害薬はACEによるアンジオテンシンIIの変換を阻害し，降圧作用を示します。昇圧作用をもつアンジオテンシンIIとは逆に，生体にはブラジキニンという血管拡張することで降圧作用をもつホルモンがあります。ブラジキニンを不活性化する酵素キニナーゼIIはACEと同じ分子です。そのためACE阻害薬はキニナーゼIIを抑制し，ブラジキニンの降圧効果を助けます。このようにACE阻害薬は2つの作用ポイントがあることから，単独で，または利尿薬やカルシウム拮抗薬と併用で広く用いられている薬剤です。ACE阻害薬のなかには副作用として空咳を引き起こすものがあります。

　主な薬剤（商品名）：カプトリル，セタプリル，ゼストリル，ロンゲス，レニベース，アデカット，コナン，エースコール，オドリック，プレランなど

（4）交感神経抑制薬

　自律神経の興奮強度もまた血圧を変動させる要因です（前述マオウの作用）。自律神経のうち，交感神経のα作用は末梢血管抵抗の増大（動脈系），静脈血管の収縮と静脈還流の増加（静脈系），尿細管再吸収の促進（腎臓系）をもたらしますし，β作用は心拍数と心拍出量の増加（心臓系），レニン-アンジオテンシン系の活性化（腎臓系）をもたらします。交感神経抑制薬は，α，β受容体を遮断することで血圧を降下させますが，受容体の選択性で分類することができます。

5.9 高血圧

β受容体遮断薬

β受容体に選択的に結合し，化学伝達物質であるカテコラミンのβ作用を抑制し，心拍出量を低下させ降圧作用を示します。β遮断薬は，心臓のβ₁受容体の選択性や内因性交感神経刺激作用の有無などによって分類されます。β₁選択性があるものは心臓系選択的に作用しますが，β₁選択性がないものではβ₂受容体も遮断するので気管支収縮などが起こることがあります。内因性交感神経刺激作用があるものはβ遮断薬自体がβ作用を有するので，心収縮の抑制が弱く，高齢者にも使用しやすい薬剤です。一方，このタイプの薬剤は狭心症や心筋梗塞の二次予防には適しません。

主な薬剤（商品名）：ベトリロール，カルビスケン，インデラル，ナディック，テノーミン，セロケン，ビソプロロール，メインテートなど

α₁受容体遮断薬

α₁受容体を遮断して細動脈を拡張し，降圧降下を示します。β受容体を遮断しないため心臓機能は抑制せず，腎臓の血流量はむしろ増加傾向を示すことから，腎機能障害，脳血管障害や心不全を合併した高血圧症にも用いることができます。また，脂質代謝を改善することから，低比重リポ蛋白や中性脂肪の低下作用があります。副作用として，めまい，ふらつき，動悸，頻脈，頭痛，倦怠感，脱力感，眠気などが起きることがあります。

主な薬剤（商品名）：カルデナリン，デタントール，ミニプレス，アーチスト，ローガン，トランデートなど

以上，作用ごとに高血圧治療薬を説明してきました。高血圧は自覚症状がまったくない人から，脳血管障害，虚血性心疾患，心不全，動脈硬化，気管支喘息，腎障害，糖尿病，高脂血症，痛風などを発症しているケースまで，さまざまな患者さんがいます。また，加齢とともに血圧は上昇することから，高齢者の患者さんの割合も多いです。さまざまな背景をもつこれらの患者さんに，すべての降圧薬を安全かつ効果的に使用することはできません。症状に応じた薬物治療に合わせてリフレクソロジーなどのホリスティックなアプローチが有効に思われます。

5.10 細菌感染症，真菌感染症

　細菌や真菌は，健全な腸内細菌叢の形成や，種々の発酵過程に必須の存在であるとともに，広く感染症と呼ばれる病気の原因にもなります。細菌や真菌は，自己増殖性を有する生命体で，同じく種々の感染症（風邪，インフルエンザ，肝炎，エイズ，帯状疱疹など）の主な原因であるウイルスとは，まったく異なった性質をもっています。長く人類を苦しめた細菌感染症（肺炎，結核，チフス，ペスト，コレラなど）は，ペニシリンの発見以来，多くの抗生物質が開発されたことで，その治療は大きく発展しましたが，抗生物質に対する耐性菌の発現など難しい問題も残されています。

細菌と真菌

細菌

　細菌とヒトを含む哺乳類細胞の構造は大きく異なります。ヒトの細胞には遺伝子を格納する核と呼ばれる器官があり「真核細胞」と呼ばれますが，細菌類には核が存在せず，遺伝子は細胞内に分散していて「原核細胞」と呼ばれます。一方，細菌類は，ヒト細胞にはない細胞壁という器官が細胞膜の外側に存在しています。このように，ヒト細胞と細菌（病原菌）とでは，その性質・生理に大きな差があるため，感染細菌だけを殺菌（除菌）し，ヒト細胞へのダメージを最小にする（選択毒性）ことが可能になります。多くの抗生物質や抗菌剤は，この差を利用して，細菌に対してのみ作用します。例えば，ペニシリンは，ヒト細胞にはない，細菌の細胞壁合成を阻害することで抗菌作用を示します。この細菌特有の細胞壁の構造には大きく分けて2種類あり，クリスタルバイオレットなどの紫色素で染色されるものを「グラム陽性菌」，染まらない種類を「グラム陰性菌」と呼びます。一般には，グラム陰性菌のほうが病原性が高く，ペニシリン系の抗生物質が効きにくい傾向があります。

　前述のように，ヒトに感染した病原性細菌の除菌に関しては，種々の有効は薬剤が存在し，がんや老衰，糖尿病など，特定の基礎疾患を有する症例を除き，正常な免疫機能を有する健常な人において細菌感染症が直接の原因で死に至る例は少なくなりました。ただし，人の体内には，正常な生理機能（特に消化機能）に欠かせない細菌が常在していて，細菌感染症治療を目的に抗菌剤を投与すると，

有益な細菌叢までもが除菌されてしまい，体調不良を生じることがあります。

真菌

　同じ「菌」の名称がありますが，真菌類は，ヒト細胞と同様，細胞内に「核」をもつ真核細胞生物です。身近な真菌としてはカビやキノコがあります。アルコール発酵（酒造）に欠かせない酵母も真菌の仲間ですし，醤油や味噌などの発酵食品の製造にも真菌類のコウジカビが用いられます。そのほかにも，チーズ，鰹節，ハムなどの食品製造に真菌類が利用されています。一方で，人体に感染し，病気の原因となる真菌もあります。最も身近な真菌感染症は，おそらく水虫（足白癬）で，白癬菌が足皮膚の角質層やその下部の皮膚組織に感染して障害する病気です。ほかにも「たむし」「しらくも」などと呼ばれる疾患も同じ白癬菌感染症で，感染部位によって名称が異なります。水虫のように，患部が皮膚表層に留まる疾患以外に，感染が脳，肺，心臓などの内部臓器にまで及ぶ深在性の真菌症も存在します。真菌は細菌と異なり，人と同じ真核生物ですので，細菌感染症に対する抗生物質や合成抗菌剤のように病原体を選択的に攻撃し，人体に対する毒性が低い，理想的な治療薬は十分ではありません。したがって，深在性真菌症の治療のために全身的に抗真菌剤を投与すると副作用が生じます。また，深在性真菌症は，免疫不全などの背景を有する日和見感染症である場合が多く，最終的な死亡原因になることもあります。予後の悪い深在性真菌症の予防には口腔内ケアが重要です。口腔内には細菌類とともに真菌類が多く存在し，深在性真菌症の原因菌になります。歯周病菌連鎖によって，高血圧，動脈硬化，心臓疾患，脳疾患，各臓器での真菌感染症が発症するとされています。

細菌感染症に有効なハーブと精油

　多種類の抗生物質や合成抗菌剤の開発により，長く人類を死の恐怖に曝してきた細菌感染症の多くは，克服されたかに思われますが，薬物の使用過多をひとつの原因として，抗生物質の効かない耐性菌（特に複数の抗菌剤に感受性を示さない多剤耐性菌）の出現が問題となっています。一方，ハーブや精油の示す抗菌活性は，薬物とは作用点が異なるため，各種の耐性菌に対する有効性が確認されています。元来，植物は，自身を細菌感染から保護するためにさまざまな抗菌物質を生合成していますが，特にその作用が強いものとして，次の精油が知られています。

抗細菌性に優れた精油

フェノールの誘導体

主要成分：オイゲノール，チモール，カルバクロール

解説：石油成分に含まれるフェノール（石炭酸）には，強い殺菌作用がありますが，強い腐食性もあり，皮膚に触れると薬傷を引き起こします。精油のなかには，このフェノールの誘導体で，フェノールよりも刺激性が弱く，抗菌作用に優れた成分が含有されています。シナモン（葉）（*Cinnamomum zeylanicum*）やクローブ（*Syzygium aromaticum*）に多く含まれるオイゲノール，タイムに多く含まれるチモールやカルバクロールなどです。またシナモン（樹皮）には，フェノール性モノテルペン類の次に強い抗菌作用を示す芳香族アルデヒドであるシンナムアルデヒドが大量に含まれています。

精油中に見出されるフェノール誘導体

ベンゼン環（亀の甲）に－OH（水酸基）が結合した構造を一般に「フェノール」と呼びます。健康食品などの広告に登場する「ポリフェノール」とは，この－OHが複数存在する分子の総称で，抗酸化作用があるとされています。

シナモン

クローブ

タイム

5.10 細菌感染症，真菌感染症

抗真菌性に優れた精油

ティーツリー（*Melaleuca alternifolia*）

原産地：オーストラリア
主要成分：テルピネン-4-オル
解説：抗真菌作用や抗ウイルス作用でティーツリーは最も有名です。モノテルペンアルコールのテルピネン-4-オルやモノテルペン炭化水素のγ-テルピネン，α-テルピネンなどをバランスよく含有していて，広範囲の感染症（真菌感染症を含む）に有効性が期待されます。また，パルマローザ（*Cymbopogon martini*）には，モノテルペンアルコール中では最強の抗真菌活性を示すゲラニオールが75〜85％も含まれています。パルマローザオイルの足白癬症に対する効果については，国内（東芝病院皮膚科）において臨床試験が実施され，統計学的に有為な結果が得られています。詳しくは次の5.11節を参照してください。

テルピネン-4-オル　　γ-テルピネン　　α-テルピネン

ゲラニオール

5.11 ウイルス感染症

　細菌もウイルスも人に感染して病気の原因になります。しかし，細菌とウイルスは，単に大きさだけではなく（細菌は通常1～10μm，ウイルスは数十nmから，大きいもので数百nm），まったく異なる存在です。細菌は私たちと同じ「生物」ですが，ウイルスは完全な「生物」ではなく，やや複雑な化合物の集合体です。例えば，肉を煮出したスープに細菌1個を加えて適温に保てば，細菌は自己増殖してスープは腐敗します。一方，ウイルスは，栄養たっぷりのスープ中でも増えることはできません。ウイルスの増殖には生きた細胞の存在が欠かせないからです。そのため，ウイルスは生物と無生物の間の存在として認識されています。したがって，細菌類に対する抗菌作用とウイルスに対する抗ウイルス作用には根本的な違いがあります。

細菌感染症とウイルス感染症のちがい

　人を悩ます感染症としての実態にも，細菌感染症とウイルス感染症では大きな違いがあります。コレラ，チフス，ペスト，赤痢などは，病原細菌が原因の感染症ですが，これらの疾患には発症後においても抗生物質の投与が有効で，適切な医療処置を施せば命を落とすことはまずありません（表5.1）。一方，天然痘，日本脳炎，狂犬病，デング熱，エボラ出血熱などのウイルス感染症に対する治療薬は存在しません（表5.2）。細菌感染症でも緑膿菌やメチシリン耐性黄色ブドウ球菌（MRSA）など，抗生物質が効きにくい感染症はありますが，有効な医薬品がほとんど存在しないウイルス感染症の治療は一般に極めて困難です。

表5.1　細菌感染症とその治療薬

病原細菌名	有効な薬剤	薬物治療の有効性
コレラ菌	テトラサイクリン，クロラムフェニコール	○
腸チフス菌	ニューキノロン，第三世代セフェム	○
赤痢菌	ニューキノロン，カナマイシン，アンピシリン	○
ペスト菌	ストレプトマイシン，テトラサイクリン，サルファ剤	○
結核菌	イソニアジド，リファンピシン，エタンブトール	○
肺炎球菌	ペニシリン，セフェム，バンコマイシン	○
黄色ブドウ球菌	ペニシリン，セフェム，バンコマイシン	○

有効性：○　短期間に治癒，△　やや有効，×　無効

表5.2　ウイルス感染症とその治療薬

ウイルス感染症名	有効な薬剤	薬物治療の有効性
天然痘	なし	× 死亡率約40%
狂犬病	なし	× 死亡率100%
日本脳炎	なし	× 死亡率約20%，後遺症あり
ポリオ（小児麻痺）	なし	× 死亡率4〜10%，後遺症あり
西ナイル熱	なし	× 死亡率2〜5%，ワクチンなし
エボラ出血熱	なし	× 死亡率40〜50%，ワクチンなし
インフルエンザ	ノイラミニダーゼ阻害剤（タミフル®など）	△
単純ヘルペス	アシクロビル（ゾビラックス®）	○
帯状疱疹	アシクロビル（ゾビラックス®）	△

有効性：○ 短期間に治癒，△ やや有効，× 無効

特定のウイルスにしか作用しない抗ウイルス薬と精油の作用点

　表5.2中のアシクロビル（ゾビラックス®）は，数少ないウイルス感染症治療薬ですが，ヘルペスウイルスの感染症にしか効きません。これはアシクロビルがヘルペスウイルスに特有のリン酸化酵素でしか活性化されないからです。この酵素はヘルペスウイルスにしか存在しないため，アシクロビルはヘルペス以外のウイルスには作用しません。また，タミフル®などの抗インフルエンザ薬もインフルエンザウイルス粒子の表面に存在するノイラミニダーゼと呼ばれる酵素（スパイク蛋白）に対してのみ作用するため，インフルエンザウイルス以外のウイルスには無効です。表5.2が示すように，大半のウイルス感染症に対して治療薬が存在しません。なかには西ナイル熱のように，ワクチンも開発途上のウイルス病があります（エイズ，後天性免疫不全症候群のワクチンも未開発）。このように，治療薬が手薄な状況では，比較的安全に使用できる抗ウイルス性精油や芳香成分の存在は重要です。

　精油やその成分であるモノテルペン類の多くに抗ウイルス作用が認められています。これらの作用は，特定のウイルスに対するものではなく，広範なウイルス種への作用です。精油やモノテルペン類の抗ウイルス作用のメカニズムについては，その詳細は不明ですが，ウイルス最外層のエンベロープや，エンベロープ上

に発現しているスパイク蛋白に対して作用し，その構造を変性あるいは失活させるものと思われます。エンベロープやスパイク蛋白構造は，ウイルスが宿主細胞に侵入し感染を成立させるために不可欠な構造です。そのため，これらの構造が破壊・変性されるとウイルスは宿主細胞への感染性を失い，単なるゴミとなります。

抗ウイルス作用を示すハーブと精油

1. ティーツリー（*Melaleuca alternifolia*）

原産地：オーストラリア亜熱帯地域
主要成分：テルピネン-4-オル，γ-テルピネン，α-テルピネン，1,8-シネオール
有効性が認められるウイルス：単純ヘルペス，ウイルス性腸炎（ロタウイルス，カリシウイルス，腸管アデノウイルスなど）

解説：ティーツリーはオーストラリアの亜熱帯性湿地帯に自生する潅木です。ティーツリーの名前は，1770年にJames Cook船長率いる探検隊がオーストラリアに到達し，現地でこの植物から茶やビールをつくったことに由来するといわれています。先住民のアボリジニは，伝統的にティーツリーやその仲間の植物を種々の疾患や症状に対して用いていました。特に種々の感染症と皮膚疾患に対して優れた効果を示すことが知られていたようで，葉の浸出液を痛み，ただれ，火傷に用い，また咳や風邪症状には葉を吸引していました。ティーツリーは先住民の民間薬であったことから，科学的に注目されるのが遅れ，薬理学的な有効成分としての認知は20世紀になってからのことでした。科学的検討によって見出された最初の薬理作用は，やはり防腐作用と殺菌作用でしたが，その後，ヘルペス，ウイルス性イボ，帯状疱疹などへの有効性も認識されるようになりました。現在，風邪などの上気道ウイルス感染症には，主に気化器などを用いた吸引法で，口唇ヘルペス（単純ヘルペス）には皮膚患部の水疱に原液を塗布する方法が行われています。イボもその原因の多くはウイルス感染です。現代医療では周辺の健康な組織とともに切除する

処置がとられますが，イボの多くはティーツリーの精油を原液のまま1日3回患部に塗布することで消滅します。

2. ユーカリ・グロブルス（*Eucalyptus globulus*）

原産地：オーストラリア

主要成分：1,8-シネオール，α-ピネン，リモネン，グロブロール

有効性が認められるウイルス：インフルエンザ，単純ヘルペス

解説：非常に成長が速く，樹高50mを超える巨木になることがあります。抗ウイルス作用のあるオキサイド類である1,8-シネオールを60〜90％の濃度で含み，各種のウイルス感染症に効果が期待できます。1,8-シネオールは，ユーカリの仲間に共通して豊富に含まれることか

ら，「ユーカリプトール」の別名もあります。この精油には抗菌作用や抗炎症作用もあることから，外用剤として火傷，創傷，筋肉痛，打ち身などに，内用では扁桃腺，咽頭炎などにも使用されます。

3. ヒソップ（*Hyssopus officinalis*）

原産地：南部ヨーロッパ，中東，カスピ海沿岸

主要成分：リナロール，リモネン，1,8-シネオール

有効性が認められるウイルス：単純ヘルペス

解説：語源には「聖なるハーブ」の意味があり，神聖な教会や寺院の空

気を浄化するのに用いられてきました。抗ウイルス作用を示すリナロールなどのモノテルペン炭化水素類に加え，1,8-シネオールも相当量を含有しています。また，10％ほど含まれるリモネンにも抗ウイルス作用に加え，抗菌作用，去痰作

用などが期待され，鼻や喉の不調など呼吸器系の症状にも有効性が期待できます。匍匐性種は中枢作用のあるケトン類を少量しか含まないので，乳幼児にも使用が可能です。

4．ゼラニウム（*Pelargonium graveolens*）

原産地：南アフリカ
主要成分：イソメントン，シトロネロール，ゲラニオール，ギ酸シトロネリル，ギ酸ゲラニル
有効性が認められるウイルス：帯状疱疹（水痘ウイルス），単純ヘルペス
解説：ゼラニウムはフウロウソウ科テンジクアオイ属の植物で，南アフリカ・

ケープ地方原産の数種の野生種がヨーロッパに伝えられ，そこでつくり出された極めて多くの交雑種から構成されています。ゼラニウム精油成分の50％前後を占めるモノテルペンアルコール類には，共通して抗ウイルス作用，抗菌作用が認められます。モノテルペンアルコールであるゲラニオールには，鎮痛作用，鎮静作用などもあるといわれています。帯状疱疹（水痘ウイルスの回帰発症）にはアシクロビルなどを用いた薬物治療が行われますが，感受性等の問題から特効的ではありません。ゼラニウムをはじめ，抗ウイルス作用のある精油には，治療薬との併用禁忌もなく，後遺症である重篤な神経痛の緩和も含めて有用な存在です。

これらの精油以外にも，カユプテ（*Melaleuca leucadendron*），シナモン（*Cinnamomum zeylanicum*），ローズウッド（*Aniba rosaeodora*），ヘリクリサム（*Helichrysum angustifolium*），メリッサ（*Melissa officinalis*），クローブ（*Syzygium aromaticum*），ラベンサラ（*Ravensara aromatica*）などに抗ウイルス作用が認められています。

5.12 むくみ（浮腫）

体重60 kgの人の体内には約36ℓの水分が存在します。その内訳は細胞内液24ℓ，血管内の血漿が2.4ℓ，細胞間質液が9.6ℓになります。むくみ（浮腫）は，細胞間質液と血漿の圧力バランスに種々の要因で異常が発生し，細胞間質液が増大することで生じる病態です。むくみの症状にはアロマテラピーマッサージがとても有効ですが，症状の背後に，心臓，肝臓，腎臓などの障害が存在する可能性に対しては常に注意が必要です。ここでは，さまざまな浮腫の原因について概説し，症状の改善に有効な精油とハーブ類について述べます。

むくみ（浮腫）の原因

心臓性の浮腫

特別な疾患がなくても，立仕事や長時間の座位では，重力作用のために身体の下方部分（立位では下肢，座位では腰，足首，大腿部背面など）に浮腫を生じることがあります。心不全によって血液を全身に送り出す心臓のポンプ機能が低下すると，静脈の圧力が上昇し，血管から細胞間質に水分などが移動して浮腫を生じます。また，静脈炎や静脈瘤などによって静脈が閉塞される場合も，同様の理由で局所的な浮腫が生じます。

肝臓疾患による浮腫

血漿中タンパク質の50〜60％を占めるアルブミンは，その大半が肝臓で生成されます。アルブミンは血漿タンパク質としては分子量が低く（約66,000），また存在量も多いため，血漿の浸透圧調整の役割を担っています。肝硬変などの肝臓障害では，アルブミンの生産が阻害され，血漿中アルブミン濃度が低下すると，血漿の浸透圧が下がり，これを補正するために血漿から細胞間質に水分が移動し，浮腫を生じます。

腎臓疾患による浮腫

全身性の浮腫の原因として，最も多いのが腎疾患です。腎臓の糸球体は一種の濾過器で，健常時にはタンパク質のような高分子物質は透過しませんが，炎症などで濾過機能が障害を受けると，透過性が亢進してタンパク質が漏れ出します。

その結果がタンパク尿で，血漿中のタンパク質，特にアルブミンが減少することにより，血漿の浸透圧が低下し，全身性の浮腫を生じます。もうひとつには，腎臓からの水分排泄機能が低下し，体内の水分量が増加する場合で，特に顔や足に浮腫が生じます。腎臓からの水分排泄減少に伴う浮腫は，心臓機能低下によって，血液の循環，特に腎血流量が低下することによっても生じます。

リンパ性浮腫

リンパ管の流れが阻害されることでも浮腫が生じ，「リンパ浮腫」と呼ばれます。がんの外科的治療では，がん腫周辺のリンパ節の切除が行われる場合があります。リンパ節はリンパ液の濾過器に相当しますが，これを切除してしまうとリンパ液の流れが阻害され，手や足などに局部的ですが重篤な浮腫が生じる場合があります。特に乳がんや子宮がんの摘出手術に伴って発生する場合が多くみられます。

その他

体内の水分量は，ナトリウム量と密接に関連していて，体内のナトリウム量が増加すると浮腫が生じます。ある種の薬物，特にステロイド類やその類似成分（甘草，グリチルリチンなど）には，腎臓からのナトリウム排泄を抑制（正確には尿細管における再とり込み促進）する作用があり，長期にわたって，ステロイドの全身（経口）投与を行うと，特徴的な顔面の浮腫である「ムーンフェイス」が出現します。

むくみ（浮腫）への対応

前述のように，浮腫の原因の多くは循環不全です。適度な運動やマッサージは即効性もあり，非常に有効です。体内からのナトリウム排泄促進には，カリウムの存在が有効ですので，カリウムを多く含む食品（スイカ，バナナなど）の摂取も役立ちます。日々摂取する食塩を塩化ナトリウム100％の化学塩（イオン交換膜法等で工業的に製造される食塩）から，カリウムをはじめ，カルシウムやマグネシウムなどのミネラル成分をバランスよく含有する自然塩（ただし，岩塩の多くはナトリウム以外のミネラルをほとんど含まない）に変更することは，浮腫だけではなく，血圧降下にも有効とされています。

心臓や腎臓など，内臓機能自体に問題がある浮腫には，治療的な対応が必要に

なります。尿量を増加させて，体内の水分量を低下させるのには，通常，利尿剤を用います。医薬品としての利尿剤には種々の種類があり，作用は強力ですが，カリウムを必要以上に排泄してしまう薬剤などもあり，その使用には専門的な知識が必要です。一方，多くのハーブに利尿作用が認められていますし，日常的に摂取する野菜や果物類にも優れた利尿作用が認められています。心臓機能が低下した状況では，強心剤の投与が検討されますが，以前から，医療の現場で使用されている薬剤の主流は「ジギタリス」（後述）と呼ばれる植物の成分で，強心配糖体と呼ばれます。身近なスズランやモロヘイヤの種子も同種の成分を含有していて，スズランの花を生けた水盤の水を飲用することで，心臓に過度な刺激が生じ，幼児が死亡した例も報告されています。

強心作用のあるハーブ

1. ジギタリス（*Digitalis purpurea*）

原産地：ヨーロッパ
主要成分：ジゴキシン，ジギトキシン
解説：和名は「キツネノテブクロ」といいます。ヨーロッパ原産ですが，薬用および園芸用としても広く栽培されています。全草に猛毒があり，観賞用として栽培する際にも一定の注意が必要になります。乾燥させた葉からジギトキシン，ジゴキシンなどの強心配糖体を抽出し，医薬品として用いてきました。これらは化学構造的にはステロイド骨格を有し，心臓筋肉の細胞膜に特異的に作用し，心筋細胞内のカルシウムイオン濃度を上昇させることで心筋の収縮力を増大させます。

ジギトキシン

2. ストロファンツス (*Strophanthus gratus*)

原産地：アフリカ
主要成分：G-ストロファンチン
解説：熱帯アフリカ原産の蔓性植物です。種子に強心配糖体が含まれ，古くは毒矢に用いられました。現在でも強心利尿剤「G-ストロファンチン」の製造原料となっています。

G-ストロファンチン

3. ホーソン (*Crataegus oxyacantha*)

原産地：ヨーロッパ，北アフリカ
主要成分：フラボノイド
解説：ホーソンは日本では「サンザシ（山査子）」のことをいいます。中国原産のサンザシ（*Crataegus cuneata*）は，漢方および中医薬において消化吸収を助ける作用があるとされ，加味平胃散，啓脾湯などの処方に使用されます。一方，セイヨウサンザシ（*C. oxyacantha*）の果実や葉には，フラボノイド，オリゴプロシアニジン，トリテルペノイドなどが含まれ，心悸亢進，心筋衰弱などの心臓病に使用されます。

むくみ（浮腫）に有効な精油

　局部および全身のマッサージは，浮腫除去に効果的ですが，精油を用いたアロママッサージでは，精油とマッサージの相乗効果により優れた結果が得られます。サイプレス，ジュニパーベリー，シダーなどは塗布や入浴で用いられます。これらヒノキ科植物由来の精油には，モノテルペンおよびセスキテルペン炭化水素類が多く含まれ，優れた静脈強壮作用，リンパ系強壮作用があり，浮腫に対して鬱滞除去の効果が期待できます。

利尿作用のあるハーブ

　コーヒー，チョコレート（カカオ），お茶（特に緑茶）には利尿作用があります。これはカフェイン，テオフィリン，テオブロミンなどのメチルキサンチン類によるものです。茶葉から抽出されたテオフィリンには，強力な気管支拡張作用があり，喘息の治療薬として使用されていますが，動悸などの副作用もあり使用法が難しい医薬品のひとつです。また，身近なカフェインも中枢興奮や（頭痛の）鎮痛などを目的に医薬品としても使用されていますが，過剰摂取では中毒症状が出現します。したがって，浮腫除去を目的に大量のコーヒーや玉露を飲用することは避けなければなりません。

カフェイン　　　テオフィリン　　　テオブロミン

メチルキサンチン類

5.13 疼痛

　頭痛，咽頭痛，胃痛，腹痛，仙痛，筋肉痛，関節痛，腰痛，坐骨神経痛，三叉神経痛など，痛みの種類，性質，原因はさまざまで，身体の異常を知らせる重要な症状ですが，基本的には不快なものです。特に，長期に及ぶ慢性疼痛はQOL（生活の質）を低下させ，精神疾患を誘発することもあります。ここでは，疼痛発症のメカニズムを概説し，全人的疼痛も含め，疼痛への対処方法をハーブ類の利用も含めて解説します。

疼痛の種類

侵害受容性疼痛（炎症や刺激による痛み）

　創傷や火傷を負ったときの痛みです。ケガをするとその部分に炎症が起こり，痛みを起こす物質が発生します。この物質が末梢神経にある「侵害受容器」を刺激するため「侵害受容性疼痛」と呼ばれています。このような痛みのほとんどは，急性の痛みで，切り傷，打撲傷，火傷，捻挫，関節炎，腱炎，腱鞘炎，関節リウマチなどがあります。痛みは，身体が損傷を受けたことを伝える情報で，痛みを感じることで損傷に対して対応し，身体を保護することで健康が保たれます。糖尿病などの合併症で末梢神経の感覚が鈍化した場合には，損傷を受けても痛みを感じず，患部が悪化してしまう症例も多くあります。

神経障害性疼痛（神経が障害されることで起こる痛み）

　何らかの原因により神経が障害され，それによって起こる痛みを「神経障害性疼痛」といいます。帯状疱疹が治った後の神経痛や，糖尿病の合併症に伴う痛みやしびれ，坐骨神経痛，また脳卒中や脊髄損傷による痛みなどがあります。傷や炎症などが見えないにもかかわらず痛みがある場合には，神経が原因となっていることがあります。

心理・社会的な要因による痛み

　不安や社会生活で受けるストレスなど，心理・社会的な要因で起こる痛みです。後述する全人的疼痛において重要な位置を占めます。

痛みへの対応

炎症や刺激による痛み

　損傷や炎症に伴う疼痛は，急性のものが多く，一般に「解熱鎮痛剤」と呼ばれる薬物が奏功します。具体的には「アスピリン，イブプロフェン，インドメタシン，ジクロフェナック（ボルタレン）」などと呼ばれる薬剤で，非ステロイド性抗炎症薬（NSAIDs；Non-Steroidal Anti-Inflammatory Drugs）に分類されます。NSAIDsは，細胞膜を構成しているリン脂質から，プロスタグランジンなどの炎症性物質が合成される過程に作用して炎症性物質の生産を阻害し，抗炎症作用を示します。一方，リン脂質から合成されるプロスタグランジン類のなかには，胃粘膜保護の役割を担っているものがあり，NSAIDsによって胃粘膜保護作用も阻害されることから，この種の抗炎症剤には必ず胃障害の副作用があります。

　事故や大きな外科手術後など，より強い鎮痛作用が求められる場合には麻薬が用いられます。モルヒネ，コデインなどが作用するオピオイド受容体を標的にした，合成麻薬（ブプレノルフィン，フェンタニル，ケタミンなど）が開発され，医療的に使用されています。フェンタニルの効果はモルヒネの100〜200倍といわれ，モルヒネをはじめとする，その他のオピオイド性鎮痛薬と同様，呼吸抑制が強く，臨床使用量でも多くの場合，呼吸補助を必要とします。2002年10月に発生したモスクワ劇場占拠事件では，武装グループ無力化のためロシア政府の特殊部隊がフェンタニルの誘導体を使用し，その麻酔作用により呼吸困難を起こした人質に多数の死者が出ました。

内臓痛・痙攣痛

　胃痛，腹痛，腎臓結石や胆嚢結石に伴う疼痛，月経困難や出産後の子宮疼痛などは，内臓平滑筋の痙攣を主な原因とする疼痛です。この種の疼痛には，原因である痙攣を抑制する抗痙攣剤が用いられます。抗痙攣剤の多くは抗癲癇剤ですが，消化管系の内臓痛にはスコポラミンの誘導体であるブチルスコポラミン臭化物（ブスコパン®）が多く用いられます。スコポラミン誘導体は，副交感神経の興奮を抑制することで消化管などの平滑筋を弛緩させ，痙攣痛を緩和します。

神経痛

　特定の末梢神経が刺激されて生じる疼痛で，帯状疱疹後の神経痛，顔面神経痛（三叉神経痛），坐骨神経痛など多くの部位に発生します。原因が特定できないも

の，通常の鎮痛剤が無効な症例も多く，疼痛コントロールが困難な場合もあります。鎮痛剤が無効の場合には，麻酔剤の局部注入による神経ブロック，抗痙攣薬の大量投与，三環系抗鬱薬，ステロイドなどが用いられます。

全人的痛み

人では，前述の３つの疼痛（身体的苦痛）に加え，心理的苦痛，社会的苦痛，およびスピリチュアルな（霊的）苦痛が存在します。心理的苦痛では，不安，うつ，恐怖，怒り，孤独感などが，社会的苦痛では，家族の問題，経済的問題，仕事上の問題など，スピリチュアルな苦痛では，人生の意味，死生観，苦痛の意味などが「痛み」の原因になります。身体的苦痛にこれら３つの苦痛を加えた「痛み」を「全人的痛み」と呼び，特に末期がん患者に対する緩和ケアでは重要な問題になります。現在の薬物療法では，身体的苦痛に作用する薬物は，数多く存在しますが，「全人的痛み」すべてに有効な薬物はモルヒネのみといわれています。薬物療法の手段が限定的な緩和ケアの場では，ホリスティックなとりくみが重要で，アロマテラピーを主体とする，種々の代替療法の可能性が追求されています。

植物成分による疼痛緩和

1. ペパーミント (*Mentha x piperita*)

原産地：ヨーロッパ
主要成分：l-メントール
解説：ペパーミントオイルの主成分であるl-メントールには，選択的にκオピオイド受容体を作動させることによる鎮痛作用があります。東洋医学では，消化不良，悪心，咽頭炎，下痢，頭痛などの治療に有効と

されています。医療用の消炎鎮痛貼付剤の多くに配合されています。主成分とされる消炎鎮痛剤（インドメタシン，ジクロフェナックなど）が，皮膚を介して，局所患部（筋肉，関節）に有効濃度にまで到達する可能性は，物理化学的には極めて疑問で，鎮痛作用（あるとすれば…）の主体はl-メントールと貼付剤

自身のテーピング効果によると想像されます。和名は「セイヨウハッカ」

2. セイヨウシロヤナギ（*Salix alba*）

原産地：中国
主要成分：サリシン
解説：ヤナギの葉や樹皮に鎮痛作用があることは，古代ギリシア時代から知れていていました。19世紀の初めに消炎鎮痛作用物質としてのサリシンが分離され，その代謝活性物質としてサリチル酸が見出されました。

サリチル酸には，胃に対する強い刺激作用があったため，内服剤として，人類最初の合成医薬品であるアスピリン（アセチルサリチル酸）が，ドイツのバイエル社によって開発され，現在でも広く利用されています（アスピリンには消炎鎮痛作用に加え，血栓形成防止作用もある）。

ヤナギ由来の消炎鎮痛化合物

3. チョウセンアサガオ（*Datura metel*）

原産地：南アジア
主要成分：スコポラミン，アトロピン
解説：「マンダラゲ（曼陀羅華）」「ダチュラ」などの異名もある毒草（薬用植物）で，スコポラミンやアトロピンなど，自律神経系に作用する成分を含みます。スコポラミンなどのトロパンアルカロイドは，副交感神

経を抑制し，内臓の平滑筋を弛緩させることから，消化管痛などの緩和に有効です。世界初の全身麻酔手術に成功したとされる華岡青洲は，チョウセンアサガオを主成分とした麻酔薬を使用していました。スコポラミンは，自白剤としても有名で，映画『ナバロンの要塞』にも登場し，近年では，オウム真理教が「ダツラの技法」と称して信者を洗脳，自白させるために本種を用いたとされています。

　余談になりますが，チョウセンアサガオは，根がゴボウに，つぼみがオクラに，種がゴマに，葉がモロヘイヤやアシタバと間違われて誤食され，中毒事故が起こっています。このような事故原因は，自分たちで採取したものを調理することで起きています。よって，自然のものを食べる際は正しい知識を身につけ，わからないときは決して食べないことです。

3．ケシ（*Papaver somniferum*）

原産地：地中海沿岸
主要成分：モルヒネ，コデイン
解説：一般に「ケシ」「ポピー」と呼ばれる植物は多く存在しますが，アヘンアルカロイドを産する本種は法律で栽培が原則禁止されている種に指定されており，厚生労働大臣の許可がなければ栽培することはできません。花が終った後の未熟果の表面に浅い傷をつけると麻薬成分であるモルヒネを含む白色〜淡紅色の乳液が浸出し，しばらくすると粘性を示し黒化します。これを採集したものがアヘン（阿片）です。アヘンを精製することで，モルヒネ，コデインなどの生理活性物質が，モルヒネをさらに化学処理することでヘロインが得られます。前述のように，鎮痛作用に限定すれば，モルヒネよりも強力な合成鎮痛剤が数多く存在しますが，全人的苦痛に対応できる薬物は，モルヒネのみといわれています。

5.14 便秘

便秘症状の特徴

　毎朝排便がなければ便秘と考える人もいますが，排便の間隔や回数は，個々人の体質，日々の環境によってさまざまで，一様に健康な排便を定義することはできません。排便の間隔に関しては，3日間以上ない場合に便秘が疑われますが，毎日排便があっても残便感や，排便に困難を感じる場合には便秘の可能性があります。また排便障害以外にも，吐き気，腹部膨満感，下腹部痛，食欲不振，めまい，背部の放散痛などの症状が現れる場合があります。

便秘の原因

　便秘の原因は器質性と機能性に大別されます。器質性便秘は，消化管内に何らかの通過障害があって消化管内容物の移動が妨げられることで生じる便秘で，背後に腸閉塞や大腸がんなどの重篤な疾患が存在する場合が多く，アロマテラピー等の適応にはなりません。機能性便秘の原因は複雑ですが，弛緩性（緊張の過度な低下による大腸の蠕動運動の低下）と，逆に痙攣性（大腸の過度な緊張による，腸管の狭窄）があります。両者ともに自律神経系の失調が根本に存在しますので，生活習慣の改善とともにハーブやアロマテラピーが有効な場合があります。

　通常，人はリラックス時（副交感神経優位）に消化液の分泌が亢進し，消化活動が活発になります。これは，休息時に十分な消化と吸収を行って必要な栄養素を体内に蓄積するためです。逆に，ストレス時（交感神経優位）には，消化機能は抑制され，消化液の分泌も減少するため口渇（唾液分泌抑制）を感じ，食欲が低下します。日常的に用いる医薬品のなかにも副交感神経を抑制して相対的に交感神経を優位するものがあります。風邪薬などに含まれている抗ヒスタミン薬（マレイン酸クロルフェニラミン，ジフェンヒドラミンなど）は，鼻水や涙液の分泌を抑制するとともに消化液の分泌や消化管の蠕動運動を抑制します。副交感神経の抑制によって腸管が弛緩し，蠕動運動が低下すると，大腸内に便が長く滞留し，その間に便中の水分が過度に吸収されることで便がかたくなり，さらに腸管内での移動が遅くなり，便秘症状を呈します。抗ヒスタミン剤以外にも腸の蠕動運動を抑制する薬剤には，モルヒネ，コデインなどの麻薬系鎮痛薬・鎮咳薬，

カルシウム拮抗薬などがあり，特に麻薬系鎮痛剤の使用時には便秘に対する処置が必須になります。

一方，副交感神経の過度な緊張によって腸管の平滑筋が収縮，大腸の緊張が亢進して便の通り道が狭くなり，便の移動が妨げられて便秘症状を起こすこともあります。このような場合には，便はウサギの糞のようなかたい粒状になります。このように，副交感神経の抑制によっても亢進によっても便秘が生じるため，自律神経系全体のバランス調整が重要で，この観点から便秘症状にアロマテラピーは有効と考えられます。

女性に便秘症状が多い理由

日本人女性の半数以上が便秘症状を経験しているといわれています。元来，女性は男性よりも腹筋力が弱く，骨盤が広いために腸が下垂しやすく，大腸内の消化物（便）を送り出す力も弱いとされています。また黄体ホルモン（女性ホルモンの一種）には，大腸からの水分吸収を促進し，体内により多くの水分やミネラル分を貯留させるはたらきがあります。さらに，妊娠時には子宮平滑筋の収縮を抑制する影響が大腸にも及び，蠕動運動が低下します。このような理由から，黄体ホルモンの分泌が亢進する月経前や妊娠初期には，便秘症状が起こりやすくなります。

便秘の予防

便秘の予防には，規則正しい食生活，食物繊維の摂取，水分摂取，運動，排便時間の確保など，日常，気を付けるさまざまなことを耳にしますが，基本的には，やわらかく（十分な水分量を含有する）容積の大きな便を生成し，腸管内をスムーズに通過させることにあります。改めて記載する必要もありませんが，果物，野菜，穀類（全粒），豆類，海藻類には「食物繊維」が豊富です。食物繊維とは，人間の消化管に存在する酵素では分解・消化されることのない成分の総称で，その大半は植物，藻類，菌類の細胞膜を構成する成分で，「多糖類（同じ多糖類のデンプンやグリコーゲンは消化・吸収される）」と呼ばれます。消化・吸収を受けないために多くの水分を保持し，便の容積を多くします。

朝は副交感神経が優位な時間帯です。朝の定時に定量の朝食を摂取することで消化管を刺激し，定時的な排便が促されます。朝食の摂取から排便の誘発までには，通常15～30分を要しますので，忙しい朝の時間帯にも適度な時間的余裕が求められます。

便秘に有用なハーブ

1. オオバコ（*Plantago asiatica*）

原産地：アジア，ヨーロッパ
主要成分：フラボノイド
解説：どこにでも生えている雑草ですが，日本薬局方にも記載されている立派な生薬です。漢名を「車前（しゃぜん）」といい，成熟した種子の生薬名を「車前子（しゃぜんし）」，全草を乾燥させたものを「車前草（しゃぜんそう）」と呼び，消炎剤，利尿剤，止瀉剤（ししゃ）などとして用います。このオオバコの種子には，不溶性の食物繊維が多く含まれるとともに，その種皮に高い水分吸収性があり，消化管内で大きく膨張します。この不溶性植物繊維と水分保持性，膨張性によって水分を含んだ体積の大きい便が形成され，便秘症状の改善に有効とされています。

2. ダイオウ（*Rheum palmatum*）

原産地：中国
主要成分：センノシド
解説：根茎から生薬の「大黄（だいおう）」が調製され，消炎剤，止血剤，瀉下剤（しゃげ）などとして用いられます。瀉下剤（便秘薬）としての有効成分はセンノシドAなどのジアンスロン誘導体で，吸収されることなく大腸に到達し，大腸の腸内細菌によってレインアンスロンに変換され，これが大腸を刺激して蠕動運動を活性化すると考えられています。

腸内細菌によるセンノシドA（左）からレインアンスロン（右）への変換

3. センナ（*Senna alexandrina*）

原産地：エジプト
主要成分：センノシド
解説：ダイオウと同様，有効成分のセンノシドが腸内で分解されて瀉下作用を示します。センナの効果は即効性で強力なため，その葉と果実は医薬品に指定されています。ダイエット効果があるとして販売されてい

る健康茶にも医薬品指定ではない茎の部分が含まれていることがあります。胃のレントゲン検査後にもらう硫酸バリウム排泄用の錠剤（ソルダナやプルゼニドなど）は，センナの成分を製剤化したものです。

4. アロエ（*Aloe arborescens*）

原産地：アフリカ
主要成分：バルバロイン
解説：古代ギリシア時代から薬用に用いられた記録があり，葉の汁を濃縮乾燥したものが薬局方掲載の「アロエ」です。鑑賞用としても広く栽培されていますが，キダチアロエとケープアロエ以外には，薬効成分

は，ほとんど含まれていません。外用として，火傷や創傷に用いられますが，内用では健胃作用および，含有するバルバロインの瀉下作用によって，便秘にも有効とされています。

バルバロイン

便秘とアロマテラピー

　便秘の原因の主なものに自律神経系の失調があります。アロマテラピーでは，鼻腔に達したアロマ分子が，受容体を介して嗅覚神経を刺激します。刺激は大脳辺縁系に伝達され，さらに自律神経系の中枢である視床下部を刺激することで，副交感神経のバランス調整を行うことから便秘に有効と考えられます。また嗅覚刺激だけではなく，精油を用いた腹部のマッサージ方法も種々紹介されています。

便秘に有効性が期待される精油

1．フェンネル（*Foeniculum vulgare*）

原産地：地中海沿岸
主要成分：アネトール
解説：古くから整腸作用のある野菜として知られています。生薬の「茴香（ういきょう）」は，その果実で，芳香健胃薬として太田胃散®や仁丹®にも含有されています。果実を水蒸気蒸留して得られる精油には，甘い香りがあり，芳香の主成分としては*trans*-アネトール（25〜85％）が知られています。和名は「ウイキョウ」

2. ローズマリー (*Rosmarinus officinalis* L.)

原産地：地中海沿岸

主要成分：ロズマリン酸

解説：古代からハーブ，精油ともに薬用に用いられています。ローズマリーをアルコールとともに蒸留したローズマリーウォーターは，ハンガリーウォーターとして知られ，香水原料であると同時に，食欲不振，消化不良，便秘などに対する薬用酒でもあります。精油の成分は，ケモタイプによって大きな差があり，カンファー（10～25％），1,8-シネオール（35～55％），ベルベノン（3～15％）など，数種のケモタイプが知られています。和名は「マンネンロウ（迷迭香）」

3. ペパーミント (*Mentha x piperita*)

原産地：ヨーロッパ

主要成分：l-メントール

解説：スペアミントとウォーターミントの自然交雑種と考えられ，全草を水蒸気蒸留して得られる精油は，l-メントールを30～50％含み，消化不良や過敏性腸症候群の治療に用いられます。アロマテラピーでは気分をリフレッシュ（高揚）させるとされ，消化不良に有効とされています。和名は「セイヨウハッカ」

5.15 泌尿器系障害

　腎臓は，血液から老廃物などを濾過・除去し，過剰な水分を排出することで，体液の恒常性の維持を主な役割としています。また，腎臓には内分泌作用があり，腎血漿流量の低下に反応して，レニン−アンジオテンシン系を賦活し，血圧，尿量を調節します。腎尿細管はエリスロポエチンを分泌し，骨髄での赤血球の産生を賦活します。このため，腎疾患で尿細管が傷害されると貧血になることがあります。また，ビタミンＤの活性化にも関与し，血中カルシウム濃度を制御しています。

腎臓の構造と機能

　腎臓は，後腹膜下の左右に一対で存在する手拳大の臓器です。腎臓の内部は，外側に皮質，その内側に髄質があります。尿を生成して排泄するのはネフロンと呼ばれる構造単位で，左右の腎臓には，それぞれ約130万のネフロンがあります。ネフロンは，糸球体，近位尿細管，中間尿細管，遠位尿細管，集合管などにより構成されます（図3.11（P.49）参照）。

　糸球体は，ボウマン嚢と呼ばれる袋状の構造に囲まれた毛細血管の塊で，その血管壁は，内側から血管内皮層，基底膜，上皮細胞が重層し，血液の濾過を行います。糸球体機能が正常な場合には，赤血球やタンパク質などの大きな物質は糸球体を透過できませんが，炎症などにより濾過機能が障害されると，血球やタンパク質などの大きな物質も漏出し，血尿やタンパク尿の原因になります。

　尿細管はボウマン嚢に続く器官で，その壁は上皮細胞一層から構成されています。腎小体でボウマン嚢に排出された原尿の成分のうち，ブドウ糖の全量と，水・無機塩類のほとんどが再吸収されます。ブドウ糖の再吸収は，エネルギーを用いた能動輸送によって行われますが，原尿中のブドウ糖濃度が高く，尿細管で再吸収しきれなかった場合，ブドウ糖が尿中に排出され，これが糖尿病の一症状として検出されます。糸球体を出た細動脈は，再び毛細血管となって尿細管周囲に分布し，この血管内を流れる血液中に有機酸や有機塩基が存在すると，その物質は間質液を経由して能動的に尿細管の上皮細胞にとり込まれ，管腔内に輸送されます（尿細管分泌）。

　このように，ネフロンで生成された尿は集合管へ集められます。集合管壁には

２種類の細胞があり，主細胞はナトリウムイオンと水の再吸収に関与しています。介在細胞は多くのミトコンドリアや微絨毛をもち，炭酸イオン輸送や酸分泌に関与しています。

尿の生成

腎臓の重量は体重の0.3％程度ですが，心臓から拍出される血液量（心拍出量）の20〜25％が腹大動脈から腎動脈を経由して腎臓に送られ，その量（腎血流量）は毎分800〜1200mℓになります。腎動脈から送られてきた血液中の血球やタンパク質以外の血漿成分はボウマン嚢中に濾過され原尿となります。原尿中の有用成分（100％のブドウ糖と95％の水および無機塩類など）は腎細管を経由，残り4％の水と無機塩類は集合管を経由して再吸収されて腎静脈に戻り，再び身体の全血流に戻されます。原尿の量は通過血液の10％，1日に約200ℓ，風呂桶1杯分にも相当します。このうち最終的に尿となるのは1.5〜1.8ℓほどですので，残り約198ℓは尿細管などで再吸収されることになります。腎細管から排泄された尿は腎盂に集まり，尿管を経由して膀胱に送られます。

排尿のメカニズム

尿管から膀胱への尿移動は，尿管平滑筋の蠕動運動により，1分間に2〜4回程度行われます。平均的な成人男性の場合，膀胱に約0.3ℓの尿が貯留すると尿意を感じ，0.5ℓに達すると脊髄下部に由来する脊髄反射が起こりますが，外尿道括約筋は随意筋であるため，意識的に1ℓ程度まで排尿を抑制することができます。正常な排尿は，副交感神経を介した尿道括約筋の弛緩によって行われますが，脳血管障害や神経障害によって排尿機能が障害され，失禁に至る場合もあります。また，過度の急性ストレス時には，延髄反射による失禁が起こるとされています。

泌尿器系の疾患

糸球体腎炎

　扁桃炎，咽頭炎など，上気道細菌感染症の2〜4週間後に発生します。全身倦怠，頭痛，咽頭痛，発熱などの気道感染症状を前症状とし，その後，浮腫，血尿，高血圧などが尿量の減少を伴って発症します。上気道感染の起因菌である溶血性連鎖球菌に対するIII型アレルギー反応による抗原抗体反応が原因と考えられています。

腎不全

　慢性腎不全の多くが糖尿病に関係しています。前述のように，ネフロンを構成する血管は微小で眼，末梢神経系などとともに高血糖による血管障害が出現しやすい場所です。慢性糸球体腎炎から腎臓透析に至る症例では，糖尿病性腎症が最も多くなっています。

尿路結石

　尿路結石は，尿路系に沈着する結晶性固体，あるいはその固体が尿路を塞栓することにより生じる症状のことです。尿路結石は，多くの人で恒常的に発生していると考えられますが，尿管の径よりも小さな結石は，尿管から膀胱，尿道を経て，自然に排出されるため自覚症状はありません。一方，生成した結石の大きさが尿管の径と同等あるいはより大きい場合には尿管を閉塞し，腎臓からの尿圧を受けて激痛（痛みの王様）を生じます。

尿路感染症

　腎臓から尿管までの部位（上部尿路）と膀胱から尿道，尿道口まで（下部尿路）に細菌，ウイルス，真菌などが感染する疾患です。幼少期の起因菌には，大腸菌や腸球菌など消化管内に生息する細菌が多く，成人ではこれらに淋菌やクラミジアなど性行為感染症の起因菌が加わります。感染経路としては，腎臓，膀胱などの上部器官経由よりも，尿道，尿道口経由の感染が多く，したがって，尿道が長く，狭窄部位をもつ男性よりも尿道の短い女性に多く発症します。上部尿路感染症では発熱と腰背部痛が，下部尿路感染症（膀胱炎・尿道炎）では頻尿と排尿痛が特徴的症状となります。

泌尿器系疾患に有用なハーブ

1. アボカド (*Persea americana*)

原産地：中央アメリカ
主要成分：ペルシン，メチルカビコール
解説：イスラム医学では，アボカドの生葉を数枚カップに入れ，熱湯で5分程度浸出したハーブティーを習慣的に飲用することで，尿管結石を小さく，また消滅させることができるとされています。現在でもトルコなどの国々でこの療法が行われています。

2. クランベリー (*Vaccinium macrocarpon*)

原産地：北アメリカ
主要成分：プロアントシアニジン
解説：尿路感染症の予防と治療に用いられています。作用の主体はプロアントシアニジン類と呼ばれるタンニン縮合体で，この物質が尿路上皮細胞への細菌類（大腸菌，黄色ブドウ球菌，肺炎桿菌，緑膿菌など）の接着を阻害し，細菌を体外に排泄させるものと考えられています。培養した尿路上皮細胞を電子顕微鏡で観察した結果からは，クランベリージュースが細胞膜に作用してフィンブリエと呼ばれる襞状突起の定着，あるいはフィンブリエの発現自体を阻害することが示唆されています。クランベリーを食するには，生の果実，カプセル剤，ジュースなど選択できますが，ジュース製品を選ぶ場合には，甘いクランベリージュースカクテルではなく，無添加のクランベリージュースを用いることが肝要です。

3. ジュニパーベリー (*Juniperus communis*)

原産地：ヨーロッパ
主要成分：フラボノイド
解説：和名で「セイヨウネズ」とも呼ばれる針葉樹で，その実（ベリー）のティーには利尿作用があります。この利尿作用は，ジュニパーベリーの精油では確認されていないので，水溶性成分によるものと考えら

れています。利尿作用によって，むくみ（浮腫）の改善が期待されるとともに，尿量の増加は，尿路結石形成の防止と排出，尿路感染症の予防にも効果的です。

4. ジギタリス (*Digitalis purpurea*)

原産地：ヨーロッパ
主要成分：ジゴキシン，ジギトキシン
解説：全草に猛毒があり観賞用に栽培する際にもとり扱いに注意が必要です。毒性，すなわち生理活性の主体は，ジギトキシン，ジゴキシンなど，強心配糖体と呼ばれるステロイ

ド誘導体です。これらの成分はうっ血性心不全の特効薬として，現在でも治療に欠かせない薬物です。うっ血性心不全の薬が，腎臓機能に作用するのは，前述のように，腎臓の機能が，腎臓を通過する血流量に依存するからです。心機能が改善され，腎血流量が増加すると，原尿量が増え，結果的に尿量が増加し（利尿作用），浮腫が縮小・消失し，全身循環が改善されます。

5.16 肝臓障害

　ヒトの肝臓は，内臓としては最大の重量をもった器官（組織としては皮膚が最大）で，代謝，排出，解毒，体液成分恒常性の維持，消化など，非常に多くの機能を有しています。一般の健康診断でも，採血による肝臓機能検査が採用されていて，その数値変動は，多くの人たちの関心事となっています。一方，肝臓は大きく，比較的均一な組織で，再生能力も高いことから，肝臓障害が自覚症状として感知されることが少なく，障害が重症化するまで気付かない症例も少なくありません。

肝臓機能検査について

　健康診断を受診すると数週間後に血液検査などの結果が送られてきます。肝臓機能の項目には，γ-GT（P），AST（GOT），ALT（GPT），ビリルビンなどの数値が並んでいます。これらの数値やその比較から，肝臓疾患の状況，心筋梗塞や胆道系疾患などの可能性を読みとることができます。ただし通常は，すべての項目が正常値範囲にあることを確認して，とりあえず安心，という方々が大半でしょう。いずれの項目においても異常値が検出された場合には医療機関での再検査や治療が求められますが，毎回，血圧，血糖，中性脂肪（TG）などに加えてγ-GT（P）の数値が気になる人も多いかと思います。

　γ-GT（P）（γ-グルタミルトランスペプチターゼ）は，グルタチオンというアミノ酸が3個結合した抗酸化物質を分解して，そのγ-グルタミル基を他の分子に転移するはたらきがあり，肝臓だけではなく，腎臓・膵臓・小腸などにも存在します。γ-GT（P）は，アルコールの過剰摂取に対して敏感に反応する検査値です。アルコール性肝障害に起因するγ-GT（P）の上昇は，AST（GOT），ALT（GPT）などのトランスアミナーゼ類上昇に先立ってみられることから，早期診断に有用で，検査日前数週間の飲酒量を反映します。γ-GT（P）の血中半減期は10〜14日であることから，検査日前の断酒，節酒は検査日当日に限ったγ-GT（P）の数値低減には有効でしょう（明日は検査なので今日は飲まない…では効果が弱い）。

アルコール代謝の個人差

　お酒を飲むと消化管からアルコール（エチルアルコール）が吸収されて血液中に入り，主に肝臓の酵素（アルコール脱水素酵素）によってアセトアルデヒドという物質に代謝されます。さらに肝臓内のアセトアルデヒド脱水素酵素によって酢酸（お酢）と水素に分解され，最終的に炭酸ガスと水まで分解されたのち，体外に排出されます。お酒に対する反応には，このアセトアルデヒドの血中濃度が大きく影響します。アセトアルデヒドは毒性の強い物質で，顔面紅潮，心拍数の増加，動悸，吐気，頭痛など悪酔や宿酔の原因となる症状を引き起こします。ところで，このアセトアルデヒドの分解酵素の活性には大きな個人差があります。アセトアルデヒドの代謝活性が弱い体質では，毒性の強いアセトアルデヒドが体内で分解されにくく，体内に長く留まるため，その毒性の影響を受けやすい体質，すなわち，お酒に弱い人，もしくはお酒を飲めない体質になります。日本人の場合，約半数の人はアセトアルデヒドの代謝活性が弱い体質に分類され，飲酒による毒性が出やすいと考えられます。飲酒を伴うコンパや懇親会は，お酒に強い（アセトアルデヒド脱水素酵素活性が高い）約半数の人々にとっては大きな楽しみかもしれませんが，一方でお酒の苦手な人も２人に１人は存在することに留意すべきでしょう。特に学生のコンパなど，初めてお酒を飲む機会に飲酒を強要することは非常に危険で，急性アルコール中毒から死亡に至る事例が毎年報告されています。このアセトアルデヒドの代謝活性が弱い体質の分布には，地域差，人種差の存在が知られています。お酒に弱い体質はモンゴロイド（黄色人種）に特有で，コーカソイド（白色人種）やニグロイド（黒色人種）にはまれです。日本国内でも地域差があり，近畿地方に代謝機能の弱い人々が多く，近畿地方から遠い，九州南部・沖縄，および東北地方は，お酒に強い人の割合が多くなっています。この分布は，日本人の起源仮説にも一致します。縄文時代の列島には，お酒に強い体質の古モンゴロイド（縄文人）が居住していましたが，中国大陸や朝鮮半島から，お酒に弱い体質の新モンゴロイド（弥生人）が渡来し，混血しながら列島各地に浸透し，現代の日本人が形成されたと考えられています。そのなかで，現在でも古モンゴロイド（縄文系）の血縁が濃い地域（特に沖縄とアイヌ）には，そのアルコールに強い体質が受け継がれているという説です。この説は成人Ｔ型白血病ウイルスのキャリアー分布，最近ではミトコンドリアやＹ染色体の解析からも裏付けられています。

肝炎，肝硬変，原発性肝臓がんと精油

　既述したように，肝臓は再生能力の強い臓器で，アルコールや薬物の過剰摂取のみに起因する障害（肝炎）は，その原因を除去すれば（現実的にはアルコール依存からの脱却は困難で，アロマテラピーなど，ホリスティックな対応ととりくみが必要），比較的短期間の治療・静養で回復する症例が多くあります。一方，肝硬変から肝細胞がんの発生など，より重篤な症状に進行する場合には肝炎ウイルスの持続感染などの背景が存在する場合があります。慢性ウイルス性肝炎（B型およびC型）の治療は長年の課題でしたが，インターフェロンなどの抗ウイルス剤の開発によって治癒的な治療が期待できるようになりました。ただし，その治療過程においては，精神疾患（うつ病など）の副作用も大きな問題とされています。一方，精油のなかには，プチグレンネロリ（*Citrus aurantium* ssp. *amara*），イランイラン（*Cananga odorata*），リトセア（*Litsea citrata*）など，抗うつ作用が知られている精油があり，インターフェロン治療に並行して，これらのオイルを使用することは，ホリスティックな効果が期待できます。

イランイラン

肝臓疾患に有効な植物

カンゾウ（*Glycyrrhiza globra*, *G. uralensis*など, *Glycyrrhiza*属数種）

原産国：中国，欧州南部
主要成分：グリチルリチン
解説：カンゾウ（甘草）は多年草のマメ科の植物で，漢方では最も基本的な薬草のひとつです。日本薬局方においては，ウラルカンゾウ（*G. uralensis*，中国東北部原産（写真））とスペインカンゾウ（*G. glabra*，南ヨーロッパなどが原産）が基原植物として記載されており，有効成分としてグリチルリチン（グリチルリチン酸）2.5%以上を含むと規定されています。グリチルリチン酸には，肝細胞増殖促進作用，肝細胞障害の抑制作用，抗炎症作用が認められ，その製剤（強力

ネオミノファーゲンCなど）は，インターフェロンなどの抗ウイルス剤が開発されるまではウイルス性慢性肝炎に対する数少ない治療薬でした。グリチルリチンには，抗消化器潰瘍や去痰などの作用も認められていますが，そのステロイドとの構造類似性から，コルチゾールの代謝を抑制し，高血圧（偽性アルドステロン症）や浮腫の副作用があります。このようなグリチルリチンや甘草の副作用対策には利尿作用のあるピペリトンを含むユーカリ・ディベス（*Eucalyptus dives* CT *Piperitone*）などの精油が有効かもしれません。

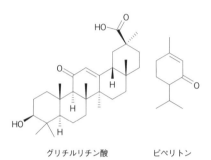

グリチルリチン酸　　　ピペリトン

乾燥・断裁した
ウラルカンゾウ

5.17 口腔疾患

　人の口腔には数百種以上の細菌が生息し，そのなかには虫歯や歯周病などの口内疾患に関係している細菌も多く存在します。口腔ケアの必要性は，口臭予防などのエチケット対策としての関心を集めていますが，口腔の衛生状態は，心臓病，糖尿病，肺炎などとも密接に関係しています。また，虫歯や歯周病は，歯を失う主な原因ですが，高齢者においては残存する歯の数とQOL（生活の質）の間に強い相関性が認められています。

口腔疾患の原因

虫歯

　食物中の糖分は，微生物（口腔内細菌）のはたらきで発酵（腐敗）し，乳酸などの酸を生じます。酸の生成に伴って口腔内のpHが低下（水素イオン濃度が上昇）すると，歯の表面を形成するエナメル質（リン酸カルシウム塩の一種，ヒドロキシアパタイト）が溶解し，脱灰（カルシウムイオンの消失）と呼ばれる現象が起こります。通常は唾液の分泌によりpHが再上昇（酸度が低下）し，溶解したエナメル質は補修されます（再石灰化）。一方，酸性状態（pHの低下）が補正されない状態が継続すると，損傷（う蝕）が進行し，エナメル質を超えて象牙質に達します。象牙細管には痛覚神経終末が到達しているため，これに対する刺激により歯痛を生じます。この状態を放置すると，う蝕が歯髄に到達する過程で歯髄炎を，さらには歯根膜炎を生じ，最終的には歯の自然脱落に至ります。口腔内の酸性度中和には唾液の分泌が重要ですが，糖尿病などが原因で唾液分泌が抑制されると虫歯の発生が促進されます。

歯周病

　歯周組織（歯肉，セメント質，歯根膜，歯槽骨など）より形成される組織における疾患の総称です。主として，歯垢（プラーク）に対する細菌感染を起因とする炎症性疾患で，日本人成人の大半が多少なりとも罹患し，世界的にも最も感染者数の多い感染症とされています（ギネス・レコーズにもなっている）。慢性炎症の進行により，セメント質，歯根膜，歯槽骨が破壊され，歯を失う最も大きな原因となっています。また歯周病は，心筋梗塞，バージャー病，三叉神経痛，糖

尿病などとの密接な関係が指摘されています（後述）。

口内炎

　細菌やウイルス感染を原因とする口内炎もありますが，一般にはアフタ性口内炎の症例が大半を占めます。アフタ性口内炎の原因は正確にはわかっていませんが，ビタミン欠乏症やストレスなどに加え，唾液分泌の不足や口腔内の不衛生が原因になると考えられています。口内粘膜に直径数ミリ程度の灰白色の小潰瘍（アフタ）を生じ，疼痛を伴い，悪化すると出血します。通常は一週間程度で自然治癒しますが，口内の複数箇所に多発し，疼痛のために摂食障害を起こすこともあります。一方，無痛性の口内炎は，全身性エリスマトーデスの症状として現れることがあります。

全身性疾患との関係

心臓疾患

　歯周病や虫歯に感染している細菌が血液中に侵入し，心内膜に感染すると感染性心内膜炎を発症します。感染性心内膜炎が進行すると，弁膜が損傷して急性心不全を発症し，命にかかわることもあります。同様に，歯周病菌が血液を介して心臓の血管壁に感染することが原因で動脈硬化が進行し，冠動脈の閉塞や狭窄から，狭心症や心筋梗塞などの虚血性心疾患を発症することもあります。さらには，歯周病菌が血小板に浸入し，血栓の形成を促すことにより，前述の心筋梗塞，脳梗塞やバージャー病を引き起こしやすくします。

糖尿病

　歯周病原因菌のなかには，腫瘍壊死因子（TNF-α）の分泌を促進し，それにより糖尿病が悪化，糖尿病の進行がさらに歯周病を悪化させる負の連鎖が知られています。血糖値が高い状態が持続（糖尿病を放置）すると，唾液中にも過剰な糖が分泌され，これを養分として口内細菌が増殖します。糖尿病では，過剰な血糖を排泄するため尿量が増加，その結果，脱水，口渇によって唾液による口腔内洗浄機能が低下し，虫歯や歯周病が悪化します。統計学的にも糖尿病患者の約7割に重く進行した歯周病の存在が確認されています。

誤嚥性肺炎

　高齢者やがん，糖尿病などの基礎疾患を有する日和見感染症予備軍にとって口腔内細菌を起因菌とする感染症は，最終結末である死に深くかかわります。特に要介護高齢者や寝たきり状態では，自発的な口腔ケアが困難で，口内の衛生状態が著しく低下する場合があります。高齢者では，喉周辺の筋肉や嚥下中枢（延髄）の機能が衰え，食道に向うべき飲食物が誤って気道に流入する誤嚥が生じやすくなります。この際，口腔内の病原性細菌が気管に感染すると肺炎を発症し，免疫力が低下している状態では症状が重篤化して命にかかわります。

その他

　日頃から口腔ケアを行い，健全な咀嚼機能を維持することで，経口での栄養摂取が保たれることは，全身の健康，体力，免疫力，精神力，ひいては生活の質（QOL）を高めることにつながります。近年では，咀嚼機能と認知症の関連性も指摘されています。

口腔ケアに役立つ植物成分

鉄漿（お歯黒）の効用

　植物成分（タンニン）などで歯を黒く染める習慣は，弥生時代の遺跡からもその痕跡が発見されています。平安期には男性貴族も，鎌倉期には武士も歯を染めたようですが，江戸時代以降は既婚女性のみがお歯黒を行いました。美しく歯を染めるためには，まず歯を丁寧に磨く必要があり，それだけでも口内衛生に役立ちました。お歯黒には，ウルシ科のヌルデという植物に発生する虫瘤（五倍子）と酢酸第一鉄（鉄漿）を用います。第一鉄は徐々に第二鉄に変化し，これが五倍子のタンニンと結合して黒色を発します。タンニンは歯が細菌の産する酸で溶解するのを防止し，第一鉄はリン酸カルシウムの耐酸性を向上させます。さらにタンニンと第二鉄が結合したタンニン酸第二鉄は，歯の表面に緻密な膜を形成し，細菌から歯を守ります。したがって，現代の美意識で求められる白く輝く歯は，実は虫歯や歯周病に対して無防備な歯ということになります。

精油で口内ケア

「歯・口の疾患」用としてローレル，クローブ，ティーツリー，ペパーミント，ユーカリなどの精油が使用されます。いずれも殺菌作用，鎮痛作用などに優れた成分を含有しています。

1. ローレル（*Laurus nobilis*）

原産地：地中海沿岸
主要成分：1,8-シネオール

解説：日本では「月桂樹」「ローリエ」とも呼ばれ，葉は香辛料として用いられています。ローレルの主成分の1,8-シネオール（45〜55%）には，鎮痛作用，抗炎症作用，抗カタル作用が期待できます。また，モノテルペン炭化水素類（サビネン5〜15%，α-ピネン4〜10%など）やモノテルペンアルコール類（リナロール，テルピネン-4-オル，α-テルピネオールなど）には抗菌作用があり，虫歯菌や歯周病菌に対する殺菌作用が期待されます。

2. クローブ（*Syzygium aromaticum*）

原産地：インドネシア
主要成分：オイゲノール

解説：古くからの民間療法として，歯痛時に丁子（クローブ）の実を噛むことが行われています。クローブの精油には，強力な鎮痛・神経麻痺作用と抗菌作用を併せもつ，フェノール類のオイゲノールが平均で75〜90%も含まれています。フェノール類は一般に刺激性が強く，使用には注意が必要ですが，オイゲノールは皮膚・粘膜に対する危険性が低く，歯科治療において原液を直接塗布する場合もあります。

3. ティーツリー（*Melaleuca alternifolia*）

原産地：オーストラリア
主要成分：テルピネン-4-オル
解説：主成分のテルピネン-4-オル（35〜45％含有）には鎮痛，抗菌作用に加え，副交感神経強壮作用があるとされ，副交感神経を介した唾液分泌亢進が期待できます。モノテルペン炭化水素類のαおよびγ-テルピネンには，静脈強壮作用や鬱滞除去作用，抗炎症作用などがあるとされていますので，腫れた歯肉を引き締めて健康な歯茎を維持することが期待されます。ま
た，ティーツリーオイル全体に優れた抗菌作用，抗ウイルス作用が確認されていて，広範囲の感染症に効果が期待できます。

4. ペパーミント（*Mentha x piperita*）

原産地：ヨーロッパ
主要成分：l-メントール
解説：主成分のl-メントール（30〜50％含有）は，比較的身近な物質で，鎮痛作用，冷却作用に加え，血管収縮作用を示し，広く口内衛生用品に配合されています。また，鎮痛作用，抗炎症作用，抗カタル作用
が期待できる1,8-シネオールも含有しています。一方，ケトン類のl-メントン（15〜30％含有）には，神経毒性，堕胎薬としての作用が知られていて，妊婦，授乳中の女性，乳幼児，高齢者への使用には注意が必要です。

5. ユーカリ・レモン（*Eucalyptus citriodora*）

原産地：オーストラリア
主要成分：シトロネラール
解説：ユーカリ・ラディアータ（*Eucalyptus radiata*）が1,8-シネオールを主成分（60〜75％）とするのに対し，本品の主成分はテルペン系アルデヒドのシトロネラール（70〜85％含有）です。テルペン系アルデヒド類には抗炎症作用や鎮痛作用に優れたものが多く，特にシトロネラールには局所鎮痛作用が認められるので，歯痛への効果が期待できます。

5.18 相互作用

　近年，治療・療養を目的としたハーブ類の利用者数が急増しています。この人気の原因のひとつは，現代医薬に随伴する不快で，ときに危険な副作用を生じることなく，優しく安全かつ効果的に健康上の問題を解決する場合が多いからでしょう。米国では年間10万人以上の人々が，医師の処方した医薬品の副作用や相互作用によって入院を余儀なくされているという統計があります。ハーブの場合，副作用や相互作用を原因とする重大な問題の発生は極めてまれですが，皆無というわけではありません。

鎮静系ハーブと医薬品の相互作用

　一般に鎮静系ハーブとして知られるのは，カモミール・ジャーマン（*Matricaria recutita*），イヌハッカ（*Nepeta cataria*），カヴァ（*Piper methysticum*），パッションフラワー（*Passiflora caerulea*），セントジョーンズワート（*Hypericum perforatum*），ヴァレリアン（*Valeriana officinalis*）などで，5-HTP，トリプトファンなどの食物サプリメントも鎮静作用を示します。これらのハーブ類は，三環系抗うつ薬（アミトリプチリン，イミプラミンなど），ベンゾジアゼピン系精神安定薬（ジアゼパム，クロルジアゼポキシドなど），抗ヒスタミン薬（マレイン酸クロルフェニラミン，塩酸ジフェンヒドラミンなど）鎮咳剤（デキストロメトルファン，コデインなど），選択的セロトニン再取り込み阻害剤（プロザックなど），ブチロフェノン系抗精神病薬（スピロペン，ハロペリドールなど），交感神経抑制系の抗高血圧薬（メチルドーパ，塩酸クロニジンなど），麻薬性鎮痛剤

カモミール・ジャーマン

パッションフラワー

イヌハッカ

（オキシコドン，フェンタニルなど）などの医薬品との併用で傾眠症状が過剰になる場合があります。併用可否の判断基準としては，薬剤師からの注意事項，あるいは医薬品「添付文書」中の「自動車の運転の禁止」「機械類の操作の禁止」があげられます。また，メチルフェニデート（リタリン）のような中枢神経刺激剤でも，鎮静作用を併せもつ薬剤では鎮静作用が増強される可能性があると報告されています。

利尿作用を示すハーブと医薬品の相互作用

ミルティルス（ビルベリー）葉（*Vaccinium myrtillus* L.），ブッコノキ（*Barosma betulina*），ゴボウ（*Arctium lappa*），シバムギ（*Agropyron repens*），ダミアナ（*Turnera diffusa*），セイヨウタンポポ（*Taraxacum officinale*），フェンネル種子（*Foeniculum vulgare*），アキノキリンソウ（*Solidago virgaurea*），スギナ（Equisetum arvense），カヴァ（*Piper methysticum*），コーラノキ（*Cola* spp.），マーシュマロー（*Althaea officinalis*），マテ（*Ilex paraguariensis*），パセリ（*Petroselinum crispum*），サルサパリラ（*Smilax sarsaparilla*），ノコギリパルメット（*Serenoa repens*），ウワウルシ（*Arctostaphylos uva-ursi*），クマツヅラ（*Verbena* spp., *V. hastate*），ヤロウ（*Achillea millefolium*）などの利尿作用を示すハーブは，カリウム排泄型利尿薬（アサタゾラミド，チアジド系利尿薬など），カリウム保持性利尿薬（アミロライド，トリアムテレンなど），およびループ利尿薬（フロセミドなど）といった利尿薬全般との併用が禁止されるべきです。カリウム排泄型利尿薬やループ利尿薬では，体内からのカリウムの消失が顕著で，利尿性ハーブと作用が重複することで，体内のミネラルバランスが著しく損なわれる可能性があります。

また，カリウム保持性利尿薬との併用では，相対的な体内マグネシウム濃度が上昇する危険性があります。高血圧に処方されるアンジオテンシン変換酵素（ACE）阻害薬（カプトプリル，ラミプリルなど）も体内のカリウム濃度に影響を与えるので併用は控えることが必要でしょ

ブッコノキ

ミルティルス（ビルベリー）

う。うっ血性心不全などに処方されるジゴキシン(強心配糖体)は,元来ジギタリス(*Digitalis purpurea*)に由来するハーブ医薬ですが,カリウム排泄作用があり,またその作用自身がカリウムレベルの影響を受けることから併用は禁忌になります。躁鬱病治療にはリチウム製剤(リーマス,リチオマールなど)が用いられることがありますが,利尿性ハーブには,腎臓におけるリチウム再吸収促進(排出抑制)作用が認められるので,副作用発現の原因になります。

サリチル酸を含有するハーブと医薬品の相互作用

サリチル酸およびその誘導体を含有するハーブには,メドウスイート(*Filipendula ulmaria*),セイヨウシロヤナギ樹皮(*Salix alba*),ウインターグリーン(*Gaultheria procumbens*)などのハーブがあります。サリチル酸類の抗炎症作用メカニズムは,シクロオキシゲナーゼ阻害による,炎症性プロスタグランジン類の生合成阻害と考えられています。プロスタグランジン類は炎症性物質として知られていますが,消化管粘膜の保護作用も担っているため,その生合成阻害は胃障害や消化管潰瘍を誘発します。したがって,シクロオキシゲナーゼ阻害作用を有する非ステロイド性抗炎症薬(アスピリン,イブプロフェン,インドメタシンなど)との併用は避けるべきでしょう。抗がん薬で作用が強力なメトトレキサートは,サリチル酸誘導体との併用で作用増強の報告があります。スルフォンアミド系抗生物質(スルファメトキサゾールなど)には,サリチル酸の体内レベルを上昇させる作用があるので併用には注意が必要です。サリチル酸誘導体のアスピリンには抗炎症作用に加え,抗血液凝固作用があり,血栓防止の目的で処方されることもあります。したがって,サリチル酸誘導体を含有するハーブを抗血栓薬(チクロピジン,ワルファリンなど)と併用すると,血液凝固能が低下しすぎて出血傾向が出現する恐れがあります。

メドウスイート

ウインターグリーン

セントジョーンズワートと医薬品の相互作用

セントジョーンズワート（*Hypericum perforatum*）は，肝臓の薬物代謝酵素P450の機能に影響を与えることが明らかになっています。セントジョーンズワート300mgを1日3回，2週間服用した場合，塩酸ミダゾラム（催眠鎮静薬，ドルミカム）の血中濃度が50％以上低下することが臨床的に示されています。同様に，300mgを1日3回，2週間服用させた二重盲検試験によって，スタチン系高コレステロール血症治療薬のシンバスタチン（リポバス）の血漿中濃度が統計学上有意に低下したとの報告があります。いずれの知見も，セントジョーンズワートが薬物代謝酵素P450を賦活したことを示唆しています。前述もしましたが，三環系抗うつ薬などの抗精神薬に対しては薬理作用を増強する危険性があるため併用禁忌になります。また，プロテアーゼ阻害剤（インジナビルなどの抗エイズ薬）の作用を著しく阻害する，シクロスポリンの吸収を著しく阻害する，選択的セロトニン再取り込み阻害剤（フルボキサミン，フルオキセチン，パロキセチン，セルトラリンなど）との併用で，体内のセロトニンレベルが過剰になり，セロトニン症候群を発症する可能性があるなどの相互作用が報告されています。

タンニンを多く含有するハーブと医薬品の相互作用

タンニンは緑茶などにも多く含まれる植物性成分で，消化管における種々の薬物吸収に影響することが知られています。クログルミ（*Juglans nigra*），レッドラズベリー（*Rubus idaeus*），オーク（*Quercus* spp.），ウワウルシ（*Arctostaphylos uva-ursi*），ウイッチヘーゼル（*Hamamelis virginiana*）などのタンニンを多く含むハーブは，特に植物成分由来の薬物（コデイン，コルヒチン，エフェドリン，シュードエフェドリン，テオフィリンなど）の吸収を阻害します。これらの医

ウイッチヘーゼル

薬品を服用する場合には，服用の前後2時間はこれらのハーブ類の摂取は控えましょう。

クログルミ

ベルベリンを含有するハーブと医薬品の相互作用

ベルベリンは，黄色で苦味を有するアルカロイドで，抗菌作用（コレラ菌，チフス菌，大腸菌に加えマラリア原虫にも有効）に加え，整腸作用や健胃作用も示します。ベルベリンを含むハーブとしては，ヒドラスチス（*Hydrastis canadensis*），バーベリー（*Berberis vulgaris*），マウンテングレープ（*Berberis acquifolium*）などがあります。ときにベルベリンと同様の使用目的を有する抗生物質のテトラサイクリンやドキシサイクリンに対して，ベルベリンはその吸収を阻害する可能性があります。したがって，テトラサイクリン系抗生物質が処方されている期間中は，これらのハーブを避けなければなりません。

バーベリー

ヒドラスチス

5.18 相互作用

脱グリチルリチン化したカンゾウと医薬品の有益な相互作用

脱グリチルリチン化したカンゾウは，グリチルリチンに由来するアルドステロン様作用（低カリウム血症，浮腫，血圧上昇など）がなく，消化管粘膜に対する保護作用を有するため，多くの医薬品との併用において有益な効果を示します。非ステロイド性抗炎症薬（アスピリン，インドメタシン，ナプロキセンな

ど）の服用に付随する消化管粘膜障害を軽減する一方，ヒスタミンH2ブロッカー（シメチジン，ニザチジン，ラニチジンなど）や，プロトンポンプ阻害剤（ランソプラゾール，オメポラゾール，パントプロゾールなど）などの消化管への効果に対して，相加的・相乗的に作用すると考えられます。

ミルクシスルと医薬品の有益な相互作用

　ミルクシスル（*Silybum marianum*）の主成分であるシリマリンには，肝臓の保護作用があります。非ステロイド性抗炎症薬（セレコキシン，），抗がん剤のシスプラチン，抗高脂血症薬のクロフィブラート，スタチン系高コレステロール薬で同じく高脂血症治療に用いられるロバスタチンやシンバスタチン，抗ウイルス薬（プロテアーゼ阻害薬）のインジナビル，抗卵胞ホルモン剤で乳がんの治療に用いられるタモキシフェン，カルシウムチャネル阻害剤で高血圧治療に用いるベラパミールなどには，肝臓障害の副作用が懸念されますが，ミルクシスルの併用によって肝臓機能が保護されることが期待できます。

種子

　現代西洋医学理論に基づいて処方される「医薬品」に対する疑念や不信に相応したハーブに対する関心や期待の高揚は，欧米のみならず日本の現実でもあります。ハーブの作用は一般的には緩和で重篤な副作用の発現はまれですが「ハーブ＝安全」という認識は危険です。また「医薬品」の欠点を危惧しつつも，その一切の使用を拒絶することは，ときに危険で現実的ではありません。

❧ 写真出典一覧 (敬称略，ページ順)

刊行にあたり，関係者にご協力をいただきました。ここに謝意を表します。

ネトル（p.65）：©Loasa-Wikimedia Commons
ビターオレンジ（p.68）：須藤　浩〔星薬科大学〕
マンダリン＊（p.69）：©JackF-Fotolia.com
パチョリ（p.74）：長谷川香料株式会社〔香料の科学，p.14，講談社（2013）〕
カヴァ（p.75）：©Forest Starr & Kim Star-Wikimedia Commons
カユプテ（p.79）：http://www.natureloveyou.sg/Melaleuca%20linariifolia/Main.html
ユーカリ・グロブルス（p.80, p.128），ラベンダー＊（p.86），カモミール・ジャーマン＊（p.87）：北条恵美〔Riryu：http://rikyu.co.uk/ja/〕
ラベンサラ（p.81）：©Unclesam-Fotlia.com
冬虫夏草（p.83）：©Norman Chan-Fotolia.com
カカオ（p.97）：吉野慶一〔Dari K：http://www.dari-k.com/〕
アセン（p.97）：©Btcpg-Wikimedia Commons
ティーツリー（p.127）：©komacky-Fotolia.com
ストロファンツス（p.133）：末広秀一郎〔ボタニックガーデン：http://www.botanic.jp/index.htm〕
ホーソン（p.133）：©coulanges-Fotolia.com
コーヒー・紅茶・緑茶（p.134）：©jedi-master-Fotolia.com
ダイオウ（p.142）：小松かつ子〔富山大学和漢医薬学総合研究所〕
センナ＊（p.143），ウラルカンゾウ（p.154）：ふれあいガーデン草星舎〔http://www.fureai-garden.net/〕
アロエ（p.143）：©Andrwe massyn-Wikimedia Commons
アボカド（p.149）：©PiLensPhoto-Fotolia.com
ジュニパーベリー（p.150）：©Pt-Wikimedia Commons
クローブ（p.123, p.158）：©tinofrey-Wikimedia Commons
ブッコノキ＊（p.162）：Alice Notten, Kirstenbosch National Botanical Garden
メドウスイート（p.163）：©Falling Water Designs
ウインターグリーン＊（p.163）：Gaultheria procumbens
ウイッチヘーゼル（p.164）：©BotBln-Wikimedia Commons
クログルミ（p.165）：Jim Allison
バーベリー＊（p.165）：©Hecter D'souza-NDHealthFacts
ヒドラスチス（p.165）：©James Steakley-Wikimedia Commons
ミルクシスル（p.166）：©Shaina Prizznick, 2006 Erowid.org

＊は口絵にも掲載

索引

あ

- アーユルヴェーダ ……… 1, 104
- RSウイルス ……… 77
- IgE ……… 20, 22, 94
- アキノキリンソウ ……… 162
- 亜急性毒性試験 ……… 28
- アコニチン ……… 53
- 朝のこわばり ……… 109
- アサロン ……… 52
- アシクロビル ……… 7, 126
- アジサイ ……… 56
- 亜硝酸アミル ……… 38
- アスピリン
  ……… 3, 15, 43, 45, 113, 136, 138
- アズレン ……… 65, 67
- アセチルコリン ……… 16
- アセチルコリンエステラーゼ ……… 68
- アセトアルデヒド ……… 43, 152
- アセン ……… 97
- アデノウイルス ……… 78
- アトピー ……… 24, 94
- アドヒペリフォリン ……… 74
- アドレナリン ……… 11, 16
- アトロピン ……… 58
- アナフィラキシー ……… 22
- アニス ……… 64
- アネトール ……… 64, 92, 144
- アピゲニン ……… 75
- アヘン ……… 61, 139
- アボカド ……… 149
- アラキドン酸 ……… 14, 45
- アルコール ……… 43, 152
- アルサス型反応 ……… 24
- アルブミン ……… 42, 48, 130
- アレルギー ……… 22, 52
- アレルギー性鼻炎 ……… 62
- アレルギー性結膜炎 ……… 62
- アレルゲン ……… 51, 62, 94
- アロエ ……… 143
- アロマ ……… 1, 50
- アロマテラピー ……… 1
- アンジェリカ ……… 50
- アンジオテンシン変換酵素(ACE)阻害薬 ……… 119
- アントラニル酸ジメチル ……… 69
- ECAスタック ……… 96
- ED_{50} ……… 30
- イソフラボン ……… 13, 91
- イソプレン ……… 46
- 痛み ……… 15, 135
- I型アレルギー ……… 20, 22, 62
- I型糖尿病 ……… 99
- 一般作用 ……… 7
- イヌサフラン ……… 54
- イヌハッカ ……… 161
- イネ科 ……… 63
- 胃粘膜保護 ……… 46, 136
- 胃排出時間 ……… 39
- イブプロフェン ……… 15, 46, 136
- IFRA(イフラ) ……… 51
- 医薬品 ……… 5
- イランイラン ……… 153
- インスリン ……… 99, 103
- インドジャボク ……… 116
- インドメタシン ……… 15, 46, 136
- in vitro ……… 29
- in vivo ……… 30
- インフォームドコンセント ……… 32
- インフルエンザ ……… 2, 76, 78
- インフルエンザウイルス ……… 78, 126
- ヴァレリアン ……… 88, 161
- ウイッチヘーゼル ……… 164
- ウイルス感染症 ……… 125
- ウイルス性肝炎 ……… 23
- ウインターグリーン ……… 163
- うつ病 ……… 70
- ウルシ ……… 59
- ウルシオール ……… 59
- ウワウルシ ……… 162, 164
- 液性免疫 ……… 20, 81
- エキナセア ……… 81
- エストラジオール ……… 90
- エストロゲン ……… 13, 90
- エッセンシャルオイル ⇒ 精油
- エフェドラ ……… 59, 69, 96, 117
- エフェドリン ……… 59, 95, 116
- LD_{50} ……… 27
- エレキャンペーンオイル ……… 52
- 炎症 ……… 14
- オイゲノール ……… 123, 158
- オーク ……… 164
- オオバコ ……… 142
- オダマキ ……… 56
- お歯黒 ……… 157
- オレアンドリン ……… 59

か

- ガーリックオイル ……… 52
- 海馬 ……… 71
- カヴァ ……… 75, 161, 162
- カヴァラクトン ……… 75
- カカオ ……… 96, 134
- 角化細胞 ……… 37
- 拡散 ……… 37
- 角質層 ……… 36
- 覚醒剤取締法 ……… 59
- 風邪 ……… 76
- 風邪薬 ……… 9
- 合併症 ……… 100
- カテコール ……… 97
- 過敏性腸症候群 ……… 145
- カフェイン ……… 43, 96, 134
- 花粉症 ……… 22, 25, 62
- カマズレン ……… 64, 65, 67, 87
- 仮面うつ病 ……… 73
- カモミール・ジャーマン
  ……… 12, 64, 75, 87, 161
- カモミールティー ……… 64, 87
- カモミール・ローマン ……… 93
- カユプテ ……… 79, 129
- カラマス ……… 53
- カリウム ……… 131
- カルシウム拮抗薬 ……… 118
- カルバクロール ……… 123
- カワラタケ ……… 82
- 間接作用 ……… 8
- 関節リウマチ ……… 24, 106
- 関節リウマチ診断 ……… 109
- 感染症 ……… 121
- 肝臓 ……… 39, 151
- カンゾウ ……… 153, 165
- 肝臓機能検査 ……… 151
- 肝臓障害 ……… 151
- 漢方薬 ……… 1
- 気管支喘息 ……… 22, 94
- 拮抗作用 ……… 11
- キニーネ ……… 3
- キノコ ……… 82, 83
- 嗅覚 ……… 40
- 嗅覚神経 ……… 40
- 吸収 ……… 36
- 吸収速度 ……… 38
- 嗅神経経路 ……… 40
- 急性毒性試験 ……… 26

強心作用 …………………… 133	口腔疾患 ………………… 155	シェーグレン症候群 ……… 108
強制水泳試験 ……………… 72	高血圧 …………………… 114	紫外線 …………………… 50
キョウチクトウ ……… 58，115	高血圧治療薬 …………… 117	ジギタリス ……… 7，53，132，150
協力作用 …………………… 11	抗血栓薬 ………………… 12	ジギトキシン …… 7，54，132，150
局所作用 …………………… 6	膠原病 …………………… 108	糸球体 …………………… 146
局所刺激性試験 …………… 28	抗細菌性 ………………… 123	糸球体腎炎 ……………… 148
禁忌 ……………… 53，112，164	恒常性 …………………… 16	ジゴキシン ……… 7，8，54，132，150
薬 ………………………… 5	抗真菌性 ………………… 124	自己免疫性溶血性貧血（AIHA）
グッドナイトティー ……… 88	口内炎 …………………… 156	………………………… 23
グッドパスチャー症候群 … 23	更年期障害 ………… 13，90	シコリック酸 …………… 81
クマツヅラ ……………… 162	抗マラリア薬 …………… 56	脂質代謝 ………………… 44
クマリン ………………… 64	抗リウマチ薬 …………… 110	脂質量 …………………… 44
クミン …………………… 50	誤嚥性肺炎 ……………… 157	歯周病 …………………… 155
クラリセージ …………… 93	コーヒー …………… 96，134	視床下部 ………………… 18
クランベリー …………… 149	コーヒーノキ …………… 96	シダー …………………… 134
クリスマスローズ ……… 57	コーラノキ ……………… 162	歯痛 ………………… 112，160
グリチルリチン（酸） … 153	コカイン ………………… 11	シトラール ………… 52，93
β-グルカン ……………… 82	V型アレルギー ………… 25	シトロネラール ………… 160
グルタチオン …………… 75	コスタスオイル ………… 52	シナモン ………… 123，129
グレープフルーツ … 12，50，118	枯草熱 …………………… 62	1,8-シネオール
クローブ ………… 123，129，158	コタラノール …………… 105	……… 68，79，80，128，158
クログルミ ……………… 164	骨粗鬆症 ………………… 90	自白剤 …………………… 139
経口剤 …………………… 39	ゴボウ …………………… 162	シバムギ ………………… 162
下剤 ……………………… 57	コルジセピン …………… 83	ジフェンヒドラミン ……… 9
ケシ ………………… 61，139	コルヒチン ……………… 54	脂肪酸 …………………… 44
血圧 ……………………… 114	コロナウイルス ………… 77	ジャガイモ ……………… 60
血圧降下薬 ……………… 116	コントローラー ………… 34	ジャスミン ……………… 93
月経前症候群（PMS）…… 64	コンパラトキシン ……… 55	車前 ……………………… 142
血漿タンパク質 ………… 42	コンパラマリン ………… 55	シュウ酸カルシウム …… 57
血清病 …………………… 24	コンバロシド …………… 55	重症筋無力症 …………… 23
血糖降下薬 ……………… 102		ジュニパーベリー …… 134，150
血糖（値）…………… 48，99	**さ**	受容体 ………………… 10，12
血尿 ……………………… 48	SARS（サーズ）……… 77，80	消化管吸収 ……………… 39
解毒 ……………………… 11	催奇形性試験 …………… 28	小腸吸収 ………………… 39
ケトン …………………… 66	細菌 ……………………… 121	生薬 …… 1，54，59，65，116，142
解熱鎮痛剤（解熱鎮痛薬）	細菌感染症 ………… 121，125	初回通過効果 …………… 39
……………… 3，45，136	サイトカイン ……… 20，71	食塩 ……………………… 114
ケラチノサイト ………… 37	サイプレス ……………… 134	女性ホルモン ……… 13，108
ゲラニオール ……… 124，129	細胞性免疫 ………… 20，81	シラカンバ ……………… 63
健康食品 ………………… 105	細胞膜 …………………… 45	自律神経系 ……… 16，25，140
原尿 ……………………… 148	酢酸リナリル ……… 69，86	真菌 ……………………… 121
降圧薬 ……………… 117，118	サフラン ………………… 54	真菌感染症 ……………… 121
抗ウイルス性試験 ……… 31	サプリメント … 13，59，88，117	腎臓 ………………… 48，146
抗うつ作用評価方法 …… 72	坐薬 ……………………… 39	心臓疾患 ………………… 156
抗うつ薬 ………………… 71	サラシア ………………… 104	シンナムアルデヒド … 52，123
抗炎症作用 ……………… 14	サラシノール …………… 105	真皮 ……………………… 37
交感神経 ………… 16，25，140	サリシン …………… 112，138	腎不全 …………………… 148
交感神経興奮作用 ……… 59	サリチル酸 …… 43，112，138，163	蕁麻疹 …………………… 22
交感神経抑制薬 ………… 119	サリン ……………… 16，58	スイートオレンジ ……… 51
抗がん薬 ………………… 55	サルサパリラ …………… 162	スイセン ………………… 57
抗菌作用 ………………… 30	III型アレルギー ………… 24	睡眠 ……………………… 84
抗菌性試験 ……………… 29	シイタケ ………………… 82	睡眠剤 ……………………… 9

169

睡眠障害評価法 … 85	胆嚢 … 48	尿路感染症 … 148
スエヒロタケ … 82	タンパク結合 … 42	尿路結石 … 148
スギ … 63	タンパク尿 … 48	ネトル … 65
スギナ … 162	遅延型アレルギー … 24	ネフローゼ … 48
スクワレン … 47	致死量 … 27, 53	ネフロン … 146
スコポラミン … 138	チモール … 123	ネロリ … 93, 153
スズラン … 55, 132	中医薬 … 1	脳 … 40
ステロイド … 15, 47, 57	丁子 … 158	脳下垂体 … 18
ステロイド骨格 … 90	チョウセンアサガオ … 58, 138	ノウゼンカズラ … 60
G-ストロファンチン … 133	直接作用 … 8	ノコギリパルメット … 162
ストロファンツス … 133	鎮静剤 … 9	ノルアドレナリン … 16, 71
セイタカアワダチソウ … 63	鎮静系ハーブ … 161	ノンレム睡眠 … 84
精油 … 1, 13, 30, 31, 37, 50	鎮痛 … 15	
セイヨウシロヤナギ	痛風 … 54	**は**
… 112, 138, 163	ツベルクリン反応 … 24	ハーブ … 1, 13, 50
セイヨウタンポポ … 162	ツヨン … 52	ハーブティー
セージ … 52	ティーツリー … 124, 127, 159	… 64, 87, 89, 149, 150
舌下錠 … 39	ディスク法 … 29	バーベナオイル … 52
接触性皮膚炎 … 24, 59	テオフィリン … 43, 96, 134	バーベリー … 165
ゼラニウム … 93, 129	テオブロミン … 96, 134	バイオアベイラビリティー … 6, 39
セロトニン … 65, 71	テストステロン … 13	排泄 … 48
全身作用 … 6	テトラサイクリン … 165	排尿 … 147
全身性エリテマトーデス（SLE）	α-テルピネオール … 68	ハウスダスト … 94
… 24, 108	α-テルピネン … 67	橋本病 … 23, 108
喘息 … 25	テルピネン-4-オル	バセドウ病 … 25, 108
喘息治療薬 … 59	… 67, 124, 127, 159	パセリ … 162
選択作用 … 7	点鼻薬 … 40	パチョリ … 72, 74
セントジョーンズワート	逃散能 … 38	薄荷 … 2
… 72, 73, 93, 161, 164	冬虫夏草 … 83, 112	八角茴香 … 2
センナ … 143	疼痛 … 15, 135	発がん性試験 … 28
センノシド … 142, 143	糖尿病 … 48, 55, 99, 156	白血病 … 3, 55
相互作用 … 11, 161	投与量 … 30	パッションフラワー … 89, 161
即時型アレルギー … 20, 22, 62	毒 … 5	パッチ試験 … 28
即時型過敏症 … 22	特殊毒性試験 … 28	バリアー … 36
ソラニン … 60	毒性 … 4	バルバロイン … 144
	毒性作用 … 9, 50, 53	パルマローザ … 124
た	毒性試験 … 26	ハロフジノン … 56
ダイオウ … 142	トリカブト … 53	皮下組織 … 37
代謝 … 42	トリグリセリド … 44	光毒性 … 50
大豆 … 92	トリプトファン … 161	ヒガンバナ … 57
体内分布 … 41		鼻腔 … 7
大脳皮質 … 84	**な**	尾懸垂試験 … 72
タイム … 123	ナトリウム … 114, 131	ヒスタミン … 9, 12, 14, 65, 94
多糖類 … 82	におい物質 … 40	非ステロイド性抗炎症薬（NSAIDs）
タナセタム … 65	II型アレルギー … 23, 25	… 15, 110, 136
ダミアナ … 162	II型糖尿病 … 99, 102	ヒ素 … 11
タミフル … 2, 126	ニコチン … 7, 38	ヒソップ … 66, 128
タンジー … 52	二重盲検試験 … 34	ビターオレンジ … 50, 68
タンジェロ … 51	ニチニチソウ … 3, 55, 104	プチグレン … 68
胆汁 … 49	ニトログリセリン … 39	ピッツバーグ睡眠質問票（PSQI）
男性ホルモン … 13	尿 … 48, 146	… 85
タンニン … 157, 164	尿細管 … 48, 146	ヒドラスチス … 165

泌尿器系障害	146
ピネン	52
鼻粘膜吸収	40
ピノカンフォン	66
ヒノキ	63
皮膚	7, 36, 50
皮膚吸収	36, 39
皮膚疾患	127
ヒペリシン	73
ピペリトン	154
ヒペルホリン	74
γ-ヒマカレン	64
飛沫感染	79
表皮	37
ビルベリー	162
鼻漏	41
ビンカアルカロイド	3, 55, 104
ビンクリスチン	55, 104
ビンブラスチン	55, 104
フェノール	123, 158
フェブリフジン	56
プエラリア	92
フェンタニル	136
フェンネル	144, 162
フガシティー	38
副交感神経	16, 25, 140
副作用	9
浮腫	22, 130, 150
ブタクサ	63, 65
ブッコノキ	162
ブドウ糖	48, 99
不眠症	84
ブラーク法	31
プラシーボ効果	34
プラセボ	34
フラノクマリン	51
フラボノイド	133
プロアントシアニジン	149
プロスタグランジン	14, 45
プロトアネモニン	56
分配	38
分泌ホルモン	19
分布容積	41, 42
ペニシリン	121
ペニシリンアレルギー	23
ペパーミント	66, 137, 145, 159
HbA1c	101
ヘリクリサム	129
ベルガプテン	51
ベルガモット	50, 93
ヘルパーT細胞	20
ヘルペスウイルス	7, 126
ベルベリン	165
ヘレブリン	57
ヘロイン	61, 139
便秘	140
芳香健胃薬	144
ボウマン嚢	146
ホーソン	133
ボダイジュ	87
ホメオスタシス	16
ポリフェノール	123
ホルモン	18
ホルモン分泌	19
ホルモン補充療法	13, 91
ホワイトシダー	52

ま

マーシュマロー	162
マウンテングレープ	165
マオウ	59, 95, 116
マジョラム	67, 93
麻酔	11
麻酔薬	58, 139
末梢神経	16, 134
マテ	162
麻薬	136
マラリア	3
マレイン酸クロルフェニラミン	9
慢性毒性試験	28
マンダリン	51, 69
ミルクシスル	166
ミルティルス	162
ミント	2
ムーンフェイス	131
むくみ	130, 150
虫歯	155, 156
メタンフェタミン	59
メチルキサンチン	96, 134
メドウスイート	163
メラノサイト	37
メリッサ	52, 129
免疫	106
免疫異常	106
免疫グロブリン	22, 94
メントール	52
ℓ-メントール	2, 66, 137, 145, 159
モーニングアタック	62
モノテルペン	38, 46, 81, 124, 126, 158, 159
モルヒネ	15, 61, 136, 139

や

薬理学	4
薬理作用	9
薬効	4
ヤナギ	112
ヤロウ	67, 162
ユーカリ・グロブルス	80, 128
ユーカリ・ディベス	154
ユーカリ・ラディアータ	68
ユーカリ・レモン	160
ユーカリプトール	80, 128
ユナニ医学	1
Ⅳ型アレルギー	24, 59

ら，わ

ライノウイルス	77
ライム	50
ラパコール	60
ラベンサラ	81, 129
ラベンダー	86, 93
リウマチ	106
リコリン	57
立体構造	2
リトセア	153
リナロール	68, 86, 128
利尿作用	8, 134, 162
利尿薬	117
リフレクソロジー	95, 162
リモネン	46, 52
d-リモネン	52, 68, 69
緑茶	134
リン脂質	44
臨床試験	32
リンパ性浮腫	131
倫理審査委員会	32
霊芝	82
レインアンスロン	142
レセプター	10
レセルピン	116
レッドラズベリー	164
レム睡眠	84
レモン	50
レモングラス	52
ローズウッド	93, 129
ローズマリー	145
ローレル	80, 158
ワームウッド	52
ワルファリン	12

著者

川口健夫(かわぐちたけお)(薬学博士)

1979年　北海道大学薬学部卒
米国カンザス大学，帝人生物医学研究所，城西大学薬学部を経て
現在：城西国際大学環境社会学部教授
一般社団法人ニューパブリックワークス理事，ホリスティックサイエンス学術協議会局長，NARDジャパン・アロマテラピー協会顧問，JREC日本リフレクソロジスト認定機構顧問
専門分野：癌化学療法，核酸化学，ハーブとアロマテラピー
主な著書・訳書：『プロフェッショナルのためのアロマテラピー』(フレグランスジャーナル社)，『薬と代替療法』(ブラス出版)，『マリー・アントワネットの植物誌』(原書房) ほか

NDC 499　　183p　　21cm

アロマとハーブの薬理学(やくりがく)

2016年2月18日　第1刷発行
2019年7月22日　第5刷発行

著　者	川口健夫(かわぐちたけお)
発行者	渡瀬昌彦
発行所	株式会社　講談社

〒112-8001　東京都文京区音羽2-12-21
　　販　売　(03) 5395-4415
　　業　務　(03) 5395-3615

編　集	株式会社　講談社サイエンティフィク
	代表　矢吹俊吉

〒162-0825　東京都新宿区神楽坂2-14　ノービィビル
　　編　集　(03) 3235-3701

印刷所	大日本印刷株式会社
製本所	株式会社国宝社

落丁本・乱丁本は，購入書店名を明記のうえ，講談社業務宛にお送りください。送料小社負担にてお取替えします。なお，この本の内容についてのお問い合わせは講談社サイエンティフィク宛にお願いいたします。定価はカバーに表示してあります。

© Takeo Kawaguchi, 2016

本書のコピー，スキャン，デジタル化等の無断複製は著作権法上での例外を除き禁じられています。本書を代行業者等の第三者に依頼してスキャンやデジタル化することはたとえ個人や家庭内の利用でも著作権法違反です。

[JCOPY] 〈(社)出版者著作権管理機構　委託出版物〉
複写される場合は，その都度事前に(社)出版者著作権管理機構(電話 03-5244-5088，FAX 03-5244-5089，e-mail : info@jcopy.or.jp)の許諾を得てください。
Printed in Japan

ISBN 978-4-06-153159-8